POUR MEGHAN

AUSTIN KLEON

PARTAGER COMME UN ARTISTE

10 FAÇONS DE PARTAGER VOTRE CRÉATIVITÉ ET DE VOUS FAIRE DÉCOUVRIR

Traduit de l'anglais (État-Unis) par Henri-Charles Brenner

LES ÉDITIONS DE
L'HOMME

Correction : Odile Dallaserra

Catalogage avant publication de Bibliothèque et Archives nationales du Québec et Bibliothèque et Archives Canada
Kleon, Austin
[Show your work!. Français]
Partager comme un artiste : 10 façons de révéler sa créativité et de se faire remarquer
Traduction de : Show your work!.

1. Plan de carrière. 2. Succès dans les affaires. 3. Réseaux d'affaires. I. Titre. II. Titre : Show your work!. Français.

HF5381.K5314 2014   650.1   C2014-940936-2

08-14
© 2014, Austin Kleon

Traduction française
© 2014, Les Éditions de l'Homme, division du Groupe Sogides inc., filiale de Québecor Média inc. (Montréal, Québec)

L'ouvrage original a été publié par Workman Publishing Company, Inc. sous le titre *Show Your Work!*

Tous droits réservés

Dépôt légal : 2014
Bibliothèque et Archives nationales du Québec
ISBN 978-2-7619-4115-0

Gouvernement du Québec – Programme de crédit d'impôt pour l'édition de livres – Gestion SODEC –
www.sodec.gouv.qc.ca

L'Éditeur bénéficie du soutien de la Société de développement des entreprises culturelles du Québec pour son programme d'édition.

Conseil des Arts **Canada Council**
du Canada **for the Arts**

Nous remercions le Conseil des Arts du Canada de l'aide accordée à notre programme de publication.

Nous remercions le gouvernement du Canada de son soutien financier pour nos activités de traduction dans le cadre du Programme national de traduction pour l'édition du livre.

Nous reconnaissons l'aide financière du gouvernement du Canada par l'entremise du Fonds du livre du Canada pour nos activités d'édition.

DISTRIBUTEURS EXCLUSIFS :

Pour le Canada et les États-Unis :
MESSAGERIES ADP inc.*
2315, rue de la Province
Longueuil, Québec J4G 1G4
Téléphone : 450-640-1237
Télécopieur : 450-674-6237
Internet : www.messageries-adp.com
* filiale du Groupe Sogides inc., filiale de Québecor Média inc.

Pour la France et les autres pays :
INTERFORUM editis
Immeuble Paryseine, 3, allée de la Seine
94854 Ivry CEDEX
Téléphone : 33 (0) 1 49 59 11 56/91
Télécopieur : 33 (0) 1 49 59 11 33
Service commandes France Métropolitaine
Téléphone : 33 (0) 2 38 32 71 00
Télécopieur : 33 (0) 2 38 32 71 28
Internet : www.interforum.fr
Service commandes Export – DOM-TOM
Télécopieur : 33 (0) 2 38 32 78 86
Internet : www.interforum.fr
Courriel : cdes-export@interforum.fr

Pour la Suisse :
INTERFORUM editis SUISSE
Case postale 69 – CH 1701 Fribourg – Suisse
Téléphone : 41 (0) 26 460 80 60
Télécopieur : 41 (0) 26 460 80 68
Internet : www.interforumsuisse.ch
Courriel : office@interforumsuisse.ch
Distributeur : OLF S.A.
ZI. 3, Corminboeuf
Case postale 1061 – CH 1701 Fribourg – Suisse
Commandes :
Téléphone : 41 (0) 26 467 53 33
Télécopieur : 41 (0) 26 467 54 66
Internet : www.olf.ch
Courriel : information@olf.ch

Pour la Belgique et le Luxembourg :
INTERFORUM BENELUX S.A.
Fond Jean-Pâques, 6
B-1348 Louvain-La-Neuve
Téléphone : 32 (0) 10 42 03 20
Télécopieur : 32 (0) 10 41 20 24
Internet : www.interforum.be
Courriel : info@interforum.be

« LE PRE MIER
L'ARTISTE A
RÉSOUDRE, C'E
REMAR
— HONORÉ

PROBLÈME QUE
POUR TÂCHE DE
T DE SE FAIRE

QUER. »

DE BALZAC

« La créativité n'est pas un talent, mais une façon de fonctionner. »

—*John Cleese*

UNE NOUVELLE FAÇON DE FONCTIONNER

Quand mes lecteurs et lectrices me font l'honneur de me demander mon avis, c'est plus souvent qu'autrement pour me poser des questions sur l'autopromotion. Comment dois-je m'y prendre pour diffuser mon travail ? Pour me faire remarquer ? Pour toucher un auditoire ? Toi, Austin, comment tu as fait ?

Je déteste parler d'autopromotion. Quand le comédien Steve Martin se fait questionner à ce sujet, il répond invariablement : « Sois tellement bon qu'ils ne pourront plus t'ignorer. » En d'autres mots, si vous concentrez vos énergies à devenir aussi bon que vous pouvez l'être, les gens vont venir à vous – là-dessus, je suis d'accord avec Steve : c'est l'auditoire qui nous trouve, et non le contraire. Mais être bon n'est pas suffisant : pour être découvert, il faut aussi jouir d'une certaine visibilité. Fort heureusement, avec les outils technologiques dont on dispose aujourd'hui, plus besoin d'attendre d'être un virtuose ou un expert pour diffuser son travail et le rendre accessible à tous.

Presque tous les penseurs et créateurs qui m'intéressent et à qui j'essaie de piquer des idées ont intégré la notion de partage à leur processus de travail, et ce, quelle que soit leur profession. Ces personnes n'essaient pas de se faire des contacts en courant les cocktails, lancements et vernissages, car elles sont trop occupées pour ça. Elles s'enferment dans leur studio, leur labo ou leur atelier pour travailler, mais plutôt que de maintenir un secret absolu sur ce qu'elles sont en train de faire, elles partagent leurs réalisations en cours en publiant régulièrement sur Internet des bribes de leur travail, de leur démarche, de leurs idées. Au lieu de perdre leur temps à faire du réseautage, elles s'intègrent directement au réseau. En partageant généreusement leurs idées et leur savoir, ces personnes s'attirent un auditoire qui fera communauté autour d'elles et dont elles pourront solliciter au besoin l'avis ou l'appui financier.

Voulant écrire une sorte de manuel qui présenterait au débutant cette façon de fonctionner, j'en suis arrivé à un livre conçu tout spécialement pour les gens qui ont horreur de l'autopromotion. Cet ouvrage est une sorte de solution de rechange à l'autopromotion. En fait, mon but est de vous amener à concevoir votre travail comme un processus continu et de vous montrer comment partager ce processus de manière à attirer vers vous les gens qui sont susceptibles d'aimer ce que vous faites. Je vais aussi vous apprendre à composer avec les critiques et désagréments auxquels on s'expose quand on s'ouvre au monde et partage avec lui le fruit de sa créativité. Voler comme un artiste vous a appris à piquer des idées aux autres pour vous inspirer. Partager comme un artiste vous enseignera la méthode à appliquer pour inspirer les autres à piquer vos idées.

Imaginez les situations suivantes. Vous postulez pour un boulot et votre futur patron vous dit qu'il n'a pas besoin de voir votre CV parce qu'il est un fervent lecteur de votre blogue. Vous êtes étudiant ou étudiante et vous décrochez votre premier emploi ou contrat parce que vous avez eu la bonne

La création

étant un processus long et incertain, tout créateur devrait montrer son travail en cours.

idée de mettre en ligne un projet réalisé dans un de vos cours. Vous perdez votre job, mais vous avez formé sur Internet un réseau de personnes qui connaissent votre travail et sont prêtes à vous aider à en trouver un autre. Vous avez partagé un passe-temps ou projet personnel en ligne avec des tas de gens, et grâce à leur appui, vous pouvez maintenant faire de cette passion une profession.

Consacrer la majorité de son temps et de ses énergies à une pratique artistique, à l'apprentissage d'un métier ou à l'essor de sa propre entreprise est gratifiant en soi. Mais imaginez maintenant que vous partagez vos efforts au jour le jour avec des gens qui ont les mêmes intérêts que vous. Vous retireriez alors encore plus de satisfaction de votre travail, n'est-ce pas ?

Et pour en arriver là, il suffit de montrer son travail aux autres, ou plus précisément de le partager comme un artiste.

Ⓘ PAS B

D'ÊTRE U

ESOIN

N GÉNIE

LE GÉNIE, C'EST LES AUTRES

> « Présentez votre travail à quelqu'un. Ce que vous avez produit est peut-être meilleur que vous ne l'imaginiez. »
>
> —*Henry Wadsworth Longfellow*

Nous nourrissons énormément de mythes au sujet de la créativité. Certains d'entre eux sont très destructeurs, mais il n'en est pas de plus dangereux que le mythe du «génie solitaire». Individu au talent surnaturel surgissant soudain pour bousculer l'ordre d'une époque, le génie solitaire ne semble pas avoir subi l'influence de ses contemporains ni de ses prédécesseurs, comme si sa créativité venait directement de Dieu ou de la Muse. Quand l'inspiration lui vient, elle le frappe comme la foudre et la lumière jaillit subitement dans son esprit. Il s'enferme alors dans son atelier pour donner forme à la vision qui lui a été communiquée, et en ressort avec un chef-d'œuvre achevé que le monde entier accueillera avec émerveillement. Dans le mythe du génie solitaire, la créativité est un *acte antisocial* réservé à quelques êtres d'exception tels Mozart, Einstein et Picasso. Le commun des mortels – c'est-à-dire vous et moi – n'est pas censé avoir accès à de tels élans créateurs.

Le célèbre musicien Brian Eno conçoit plutôt la créativité comme un processus synergétique, ce qui est beaucoup plus sain, à mon avis. Selon ce modèle, l'inspiration et les idées sont provoquées par le regroupement de plusieurs individus créatifs – artistes, galeristes, penseurs, théoriciens et autres acteurs des

milieux culturels – qui en viennent à former ensemble un
«écosystème de talents». Quand on regarde l'histoire humaine, on
s'aperçoit que bien des personnages que l'on considérait comme
des génies solitaires faisaient en réalité partie d'un milieu
d'individus qui s'étudiaient et se soutenaient mutuellement, qui
contribuaient au groupe tout en lui empruntant des idées. Cette
notion d'écosystème n'enlève rien aux accomplissements personnels
des individus qui le composent; elle vient plutôt souligner le fait
qu'un créateur ne travaille jamais véritablement en vase clos, que la
créativité s'inscrit toujours d'une manière ou d'une autre au sein
d'une collaboration. La créativité surgit plus souvent qu'autrement
de l'interaction d'un esprit avec d'autres esprits.

Cette idée d'écosystème de talents me plaît parce qu'elle rend la
créativité accessible au commun des mortels, à nous tous qui
voulons être créatifs mais qui ne nous considérons pas comme
des génies. Pas besoin d'être spécialement talentueux ou
intelligent pour faire partie d'un écosystème de talents – il suffit
en fait d'avoir quelque chose à offrir. Un écosystème se forme dès
qu'on décide d'échanger avec les autres et de partager avec eux ses
idées. Oubliez la notion de «génie» et concentrez-vous plutôt sur

la qualité de vos échanges avec les autres, sur la manière dont vous contribuez à l'écosystème. Quand on aborde la chose ainsi, il devient plus facile d'ajuster ses attentes en fonction de la réalité et de s'adapter aussi aux attentes des groupes ou milieux auxquels on veut s'intégrer. Et du coup, on s'intéresse moins à ce que les autres peuvent faire pour soi qu'à ce qu'on peut faire pour les autres.

La technologie d'aujourd'hui favorise l'éclosion de ces écosystèmes de talents. Internet permet de relier ensemble une multitude d'écosystèmes, sans contraintes géographiques : les blogues, médias sociaux, forums de discussion, services de courriel et de clavardage sont autant d'écosystèmes virtuels où les gens se rassemblent pour échanger et discuter entre eux de leurs intérêts et préoccupations du moment. Aucun gardien, aucune barrière ne vous interdira l'accès à ces univers, et vous n'avez pas besoin d'être riche, célèbre ou diplômé d'une grande école pour y entrer. Internet appelle chacun de nous à participer : le maître comme l'apprenti, l'expert comme l'amateur peuvent librement y mettre leurs idées et leurs talents à contribution.

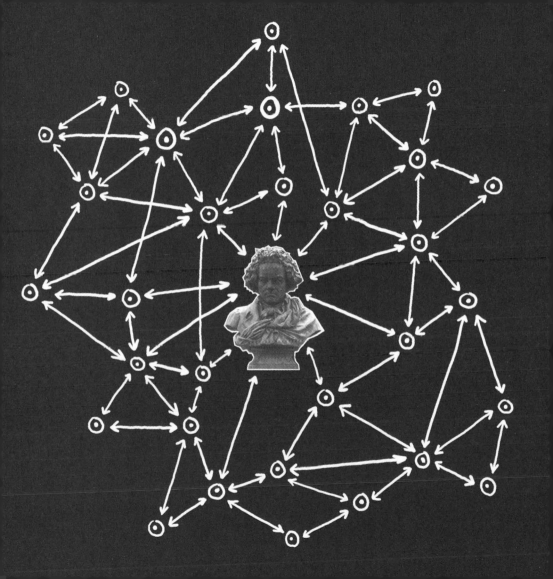

CULTIVEZ UNE PASSION D'AMATEUR

« Au fond, nous sommes tous des amateurs. Nous ne vivons pas assez longtemps pour devenir davantage. »

—*Charlie Chaplin*

Chacun de nous a déjà eu peur d'être traité d'amateur. Pourtant, de nos jours, l'amateur est à bien des points de vue en meilleure position que le professionnel pour exercer sa passion. Contrairement à ce dernier, il peut s'investir dans son activité de prédilection sans songer à ce que ça rapporte ou à l'impact que cela pourrait avoir sur sa carrière. N'ayant rien à perdre, l'amateur ne craint pas d'expérimenter au gré de ses fantaisies et de partager librement ses résultats. Il procède parfois d'une manière peu orthodoxe qui ferait sourciller les professionnels, mais paradoxalement, cela l'amène à faire de nouvelles découvertes. Le moine zen Shunryu Suzuki avait cet adage: «Les possibilités foisonnent dans l'esprit du débutant. Dans celui de l'expert, elles sont peu nombreuses.»

Les amateurs n'ont pas peur de commettre des erreurs ou de se ridiculiser en public. N'écoutant que leur passion, ils se lancent sans hésiter dans des entreprises que d'autres jugeraient farfelues, voire carrément stupides. «L'acte créatif le plus stupide qu'on puisse imaginer n'en demeure pas moins un acte créatif, écrivait Clay Shirky dans son livre *Cognitive Surplus*. Sur l'échelle hiérarchique de la création, un vaste fossé sépare le bon du médiocre. Mais, justement, la médiocrité a sa place sur cette échelle, ce qui veut dire que tout amateur médiocre peut s'améliorer et devenir bon un jour.

Le seul fossé qu'on ne peut pas combler, c'est celui qu'il y a entre "faire quelque chose" et "ne rien faire".» Les amateurs savent qu'une contribution, fût-elle médiocre, vaut mieux que pas de contribution du tout.

Bien des amateurs n'ont pas de formation traditionnelle mais sont des autodidactes enthousiastes qui ne craignent pas d'exposer leur démarche au grand jour, cela afin que les autres puissent apprendre de leurs erreurs comme de leurs réussites. L'auteur David Foster Wallace disait qu'un bon essai littéraire est pour le lecteur ou la lectrice l'occasion de «suivre la réflexion d'un individu ordinaire, quoique raisonnablement intelligent, qui a pu se concentrer sur un sujet bien spécifique avec plus de minutie que nous en avons l'occasion dans la vie de tous les jours». Les amateurs ont ceci en commun avec l'essayiste : ce sont des gens ordinaires qui passent beaucoup de temps à réfléchir tout haut à l'objet de leur obsession.

Il y a des situations où on peut apprendre davantage d'un amateur que d'un expert. «Il arrive souvent que deux écoliers comprennent, en travaillant ensemble, des choses qu'ils n'avaient pas comprises en classe, écrivait l'auteur C. S. Lewis. L'élève s'avère en ce cas un meilleur maître que l'instituteur justement parce qu'il est moins

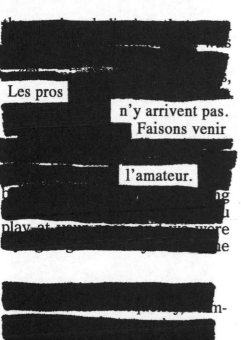

Les pros

n'y arrivent pas.
Faisons venir

l'amateur.

Quittez

votre zone

de confort.

Défiez

la perfection.

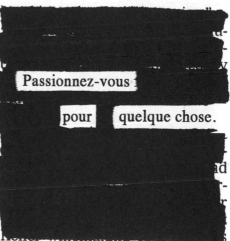

Passionnez-vous

pour   quelque chose.

savant que lui : la difficulté qu'il tente d'expliquer à son camarade, il l'a lui-même éprouvée tout récemment, tandis que le maître, lui, a intégré cette connaissance depuis si longtemps qu'il a oublié en quoi elle peut s'avérer problématique. » Le simple fait de voir un amateur à l'œuvre peut nous inspirer à tâter nous aussi de cette activité. C'est ce genre d'expérience qu'a eu le leader du groupe New Order lorsqu'il a vu les Sex Pistols pour la première fois : « Ils étaient tellement mauvais, raconte-t-il, que ça m'a donné envie de monter sur scène moi aussi, sachant que je serais aussi pourri qu'eux. » L'enthousiasme débridé de l'amateur est définitivement contagieux.

Tout va si vite de nos jours que le monde est en train de nous changer tous en amateurs. Même les professionnels doivent aujourd'hui conserver un esprit d'amateur s'ils veulent progresser ; ils doivent eux aussi embrasser l'incertitude et constamment s'aventurer en terrain inconnu. Un jour, quelqu'un a demandé au chanteur de Radiohead, Thom Yorke, quelle était sa plus grande force. « Ma plus grande force, c'est que je ne sais pas ce que je fais », avait-il répondu. Quand il est à court d'idées ou lorsqu'il a l'impression de piétiner, Yorke emploie la méthode préconisée par Tom Waits, un de ses héros musicaux : il essaie d'écrire une chanson avec un instrument dont il ne sait pas jouer. Les amateurs sont comme ça : ils transmettent leurs idées aux autres en utilisant les outils qu'ils ont à portée de main. « Moi, je suis un artiste, disait John Lennon. Donnez-moi un tuba et je vais vous en tirer quelque chose. »

Vous avez envie vous aussi de partager votre travail ? Alors commencez par cerner une chose que vous avez envie d'apprendre, puis engagez-vous à en faire l'apprentissage sous l'œil de vos semblables. Trouvez un écosystème de talents, observez bien ce que partagent les gens qui en font partie, et essayez ensuite de déterminer quelles sont les choses qu'ils ne partagent pas. Découvrez les aspects négligés de cette activité, car ce sont eux que vous gagnerez à partager, cela même si vos efforts initiaux ne sont pas particulièrement reluisants. Ne pensez pas pour l'instant à faire carrière ou à gagner de l'argent avec l'objet de votre passion ; ne vous torturez pas à tenter de devenir un professionnel ou un expert. Soyez fier de votre amateurisme et explorez-en allègrement les joies. Si vous partagez ce que vous aimez, les gens qui aiment la même chose que vous sauront vous trouver.

POUR TROUVER SA VOIX, IL FAUT D'ABORD LA FAIRE ENTENDRE

« Faites entendre votre voix, clamez votre passion sur tous les toits pour que les autres puissent vous entendre. Il y a quelque part des gens qui n'attendent que vous ! »

— Dan Harmon

On nous a souvent répété combien il est important de trouver sa propre voix. Quand j'étais jeune, je ne savais pas ce que ça voulait dire. Et moi, avais-je une voix qui m'était propre ? Je m'interrogeais beaucoup là-dessus. Aujourd'hui, j'ai compris que pour trouver sa voix, il faut d'abord la faire entendre. Votre voix est là, elle fait partie de vous. Pour la développer, il suffit que vous parliez des choses que vous aimez.

Au fil des chirurgies et traitements qu'il a subis dans sa lutte contre le cancer, le regretté critique de cinéma Roger Ebert a perdu la voix : cruelle ironie du sort, cet homme qui gagnait sa vie en parlant à la télévision se vit privé, subitement et définitivement, de sa capacité à s'exprimer verbalement. Il ne pouvait plus communiquer avec ses parents et amis qu'en griffonnant des réponses succinctes sur des bouts de papier, ou en tapant sur son Mac des réponses que l'ordinateur lisait tout haut de sa voix d'automate.

Ne pouvant plus se livrer aux joies de la conversation, le célèbre critique de cinéma étancha sa soif de communication en multipliant ses interventions sur Twitter, sur Facebook et sur le blogue de son site, rogerebert.com. Il écrivit durant cette période des milliers et des milliers de mots sur des sujets divers – son enfance à Urbana, dans l'Illinois ; son engouement pour la chaîne de restaurants Steak 'n

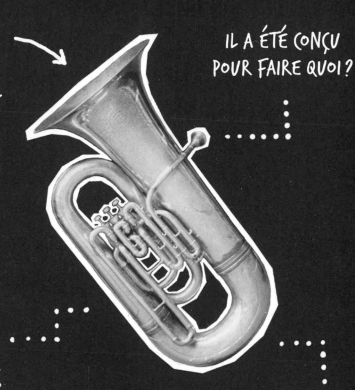

Shake; ses conversations avec les vedettes d'Hollywood; ses réflexions sur la mort; etc. Des milliers de gens ont lu ces billets et y ont répondu. Et Roger leur répondait en retour. Bloguer était devenu son principal moyen de communiquer avec le monde. « Ma voix trouve sa véritable expression sur Internet », a-t-il écrit.

Sachant sa mort imminente, Roger Ebert voulait partager le plus de choses possible tant qu'il était en vie. « Monsieur Ebert écrit comme si c'était une question de vie ou de mort, ce qui est ici précisément le cas », commenta la journaliste Janet Maslin. Bloguer était devenu pour lui une nécessité, la différence entre sombrer dans le silence ou faire entendre sa voix, entre exister ou disparaître définitivement dans le néant.

Ça peut sembler extrême de dire ça, mais de nos jours, si votre travail n'est pas sur Internet, il n'existe tout simplement pas. Nous avons tous à notre disposition les moyens de faire entendre notre voix ; malheureusement, bon nombre d'entre nous n'en profitent pas. Comment voulez-vous que les gens sachent ce que vous faites et ce qui vous tient à cœur si vous ne partagez pas votre démarche avec eux ? N'hésitez pas à montrer aux autres ce sur quoi vous êtes en train de travailler.

« La plupart des décisions importantes que j'ai prises dans ma vie ont été guidées par cette conscience que j'ai de ma propre mortalité. Presque tout ce à quoi nous nous agrippons, nos attentes, notre orgueil, notre peur d'échouer ou d'être ridiculisé, tout cela disparaît quand nous sommes confrontés à notre propre mort. Ne reste plus alors que l'essentiel. Lorsque vous craignez de faire quelque chose parce que vous pensez que vous avez trop à perdre, souvenez-vous que vous allez mourir un jour. Vous êtes déjà nu face au destin. »

—*Steve Jobs*

LISEZ LA RUBRIQUE NÉCROLOGIQUE

Ce que je vous propose vous fait peur ou vous semble trop compliqué à faire? Alors songez à ceci: un jour, vous serez mort. C'est une réalité que nous préférons ignorer la plupart du temps; cependant, le simple fait d'y penser peut nous amener à voir les choses sous un angle différent.

Nous avons tous lu des récits de gens qui sont passés très près de la mort et dont la vie a changé à la suite de cette expérience. George Lucas a failli mourir dans un accident de voiture alors qu'il était adolescent, et il a décidé à partir de ce moment que chaque nouvelle journée était un cadeau qui lui était donné, ce qui l'a incité à poursuivre sa passion pour le cinéma. Il connaîtra une brillante carrière, créant entre autres choses la série *Star Wars*. À l'âge de 16 ans, le chanteur du groupe Flaming Lips, Wayne Coyne, a été victime d'un vol à main armée alors qu'il travaillait dans un restaurant Long John Silver's. «J'étais persuadé que j'allais mourir, dit-il, et ça a complètement changé ma façon de voir la vie. À compter de ce moment, je me suis dit que j'allais agir au lieu d'attendre que les choses se passent, que j'allais faire ce dont j'avais envie en me foutant de ce que pourraient en penser les gens.»

Dans son livre *We Learn Nothing*, Tim Kreider raconte que la meilleure chose qui lui soit arrivée dans la vie, c'est de s'être fait planter un couteau dans la gorge. Il se souvient de l'année qui a suivi cette agression comme l'une des plus heureuses qu'il ait vécue. «On penserait qu'après avoir frôlé la mort comme ça, une personne verrait sa vie transformée à tout jamais, écrit-il, mais au bout d'un an l'illumination s'est estompée et j'ai repris le fil de la vie ordinaire.» L'écrivain George Saunders a lui aussi vécu une expérience de mort imminente : « Le monde ne m'a jamais paru si beau que dans les trois ou quatre jours suivants, dit-il. J'étais conscient de tout ce que j'avais failli perdre et je me suis dit que le secret du bonheur était probablement de maintenir cet état, de vivre comme si tout ça pouvait s'arrêter d'un instant à l'autre.»

J'aimerais bien connaître moi aussi ce genre d'euphorie existentielle, mais d'un autre côté, je n'ai pas vraiment envie de vivre une expérience de mort imminente. Je veux rester en vie et bien en sécurité. Mais l'idée n'est justement pas ici de courtiser la mort, mais de garder à l'esprit qu'elle viendra un jour.

C'est pour cette raison que je lis la rubrique nécrologique chaque matin dans le journal. La chronique nécrologique, c'est l'expérience de mort imminente des petits peureux de mon espèce : elle me permet de penser à la mort sans que j'aie à m'en approcher.

En fait, les rubriques nécrologiques parlent davantage de la vie que de la mort. L'artiste Maira Kalman estime qu'elles

the ... didn't help with the par-

Une expérience de mort imminente

pour le reste d'entre nous.

résument «tout l'héroïsme et la noblesse d'une vie». Le simple fait de lire ce que des gens qui viennent de mourir ont fait de leur vie m'encourage à retrousser mes manches et à faire quelque chose de bien avec la mienne. De penser ainsi à la mort chaque matin me donne envie de vivre avec encore plus d'intensité.

Faites-en vous-même l'expérience: prenez l'habitude de lire la rubrique nécrologique chaque matin. Vous vous inspirerez ainsi des gens qui ont traversé l'existence avant vous. Au début, ils étaient tous des amateurs, eux aussi. Ce qu'ils ont accompli, ils l'ont fait avec les outils et circonstances qu'ils avaient à leur disposition, puis ils ont eu le courage de montrer aux autres le fruit de leur labeur. Suivez leur exemple.

② PENSEZ ET NON

PROCESSUS, PRODUIT

« Les gens ne voient généralement que le produit fini. Ils ne voient jamais tout le travail qu'il a fallu pour arriver au résultat final. »

—*Michael Jackson*

AMENEZ LES GENS DANS LES COULISSES

Quand une artiste peintre parle de son travail, ça peut renvoyer à
deux choses bien différentes : le mot « travail » peut faire
référence à son œuvre, aux tableaux qui sont le résultat final
de ses efforts, mais il peut aussi renvoyer au processus de
création qu'elle déploie dans son atelier, de la quête d'inspiration
à l'application du matériau sur la toile. Ici comme dans toute
activité créative, il y a une distinction à faire entre *produit*
et *processus*.

Jusqu'à récemment, le processus créatif de l'artiste était
considéré comme une chose secrète et cachée. David Bayles
et Ted Orland se prononcent en faveur de cette scission dans
l'ouvrage *Art and Fear* : « Tout ce qui compte pour le spectateur,
c'est le produit, c'est-à-dire l'œuvre achevée. À l'opposé, ce qui

Le

travail, c'est

tout

ce qui a

été fait
dans la journée.

C'est un processus

et

non

un objet.

compte pour l'artiste, c'est le processus, c'est-à-dire les gestes entrepris pour façonner l'œuvre d'art. » En d'autres mots, selon eux, l'artiste devrait travailler dans le plus grand secret, sans rien divulguer de ses idées et de ses réalisations en cours, et ne montrer au monde ce qu'il fait qu'une fois qu'il ou elle aura entre les mains une œuvre parfaitement achevée. Bayles et Orland soutiennent que « les détails du travail accompli par l'artiste pour créer son œuvre n'intéressent pas le spectateur, puisqu'ils ne sont pratiquement jamais visibles dans l'œuvre achevée ».

Cette vision des choses était sans doute valable avant l'arrivée de l'ère numérique, à une époque où l'artiste peintre ne pouvait joindre son auditoire qu'une fois qu'il avait suffisamment de tableaux finis pour faire une exposition. Aujourd'hui, grâce à Internet et aux médias sociaux, cette même artiste peut partager ce qu'elle veut quand elle le veut, sans qu'il lui en coûte quoi que ce soit. Elle peut révéler ce qu'elle veut de son processus créatif, dévoiler ses esquisses au public et lui montrer comment avancent ses œuvres en cours. Elle peut publier des photos de son atelier sur le Net ou créer un blogue dans lequel elle parlera de ses outils, de ses influences et de son inspiration. De partager ainsi son processus créatif lui permet de joindre rapidement un auditoire et de former avec lui un lien particulier.

Bien des artistes, et particulièrement ceux qui ont grandi dans l'ère pré-numérique, ont peur de partager si ouvertement leur processus créatif, probablement parce qu'ils savent que ce type d'ouverture risque de les rendre vulnérables. En 1846, le célèbre auteur Edgar Allan Poe écrivait : « La plupart des écrivains – les poètes tout spécialement – composent dans un état de subtile frénésie, d'intuition extatique qui ne souffre pas l'œil du public. »

Le problème avec cette façon de faire, c'est qu'à la base les êtres humains s'intéressent à leurs semblables et à ce qu'ils font. « Les gens veulent vraiment voir comment est fabriquée la saucisse, écrivaient les designers Dan Provost et Tom Gerhardt dans *It Will Be Exhilarating*, un ouvrage traitant d'entrepreneuriat. Il faut constamment diffuser de l'information pour forger un lien solide avec sa clientèle. Ces interventions permettent au

UN PROCESSUS,
C'EST PARFOIS
BROUILLON.

consommateur de voir le créateur qui se cache derrière les produits.» Le public d'aujourd'hui ne se contente plus de découvrir des œuvres intéressantes : il veut lui aussi être créatif et faire partie du processus. Oubliez votre ego et levez le voile sur votre processus créatif. Vous donnerez ainsi aux gens la possibilité de créer un lien avec vous et avec votre travail. Partant de là, il sera d'autant plus facile pour vous d'écouler votre produit.

«Pour que la connexion se fasse, il faut véritablement se révéler aux autres, se mettre à nu devant eux.»

—Brené Brown

SOYEZ VOTRE PROPRE DOCUMENTARISTE

En 2013, la coqueluche d'Internet fut sans contredit l'astronaute Chris Hadfield, commandant de la Station spatiale internationale. Trois ans plus tôt, sa famille et lui avaient essayé, en discutant autour de la table, de trouver de nouvelles manières d'attiser l'intérêt du public pour l'Agence spatiale canadienne, qui comme bien des programmes spatiaux faisait face à ce moment-là à des restrictions budgétaires majeures. «Papa voulait trouver le moyen de montrer aux gens à quoi ressemble la vie d'un astronaute quand il est dans l'espace, raconte Evan, le fils du commandant. Pas seulement le côté spectaculaire ou scientifique, mais aussi les activités de tous les jours.» Bref, le commandant Hadfield voulait montrer son travail en partageant comme un artiste.

Son projet a réellement commencé à prendre forme après que ses fils lui eurent expliqué le fonctionnement des médias sociaux et lui eurent ouvert un compte sur Twitter et sur d'autres réseaux sociaux. Durant les cinq mois que dura sa mission suivante dans l'espace, Hadfield tweeta gaiement tout en s'acquittant de ses tâches d'astronaute. Il répondait aux questions de ses abonnés Twitter, publiait sur Internet les photos qu'il prenait de la Terre, enregistra en apesanteur une version de la chanson *Space Oddity* de David Bowie et publia sur YouTube des vidéos où on le voyait dormir, se brosser les dents, se couper les ongles et faire des tâches d'entretien sur la station spatiale. Des millions de gens se sont passionnés pour ces témoignages de la vie dans l'espace, parmi eux mon agent, Ted, qui a tweeté le message suivant: «En temps normal, je ne regarderais pas une vidéo de deux gars en train de réparer la plomberie, mais eux, ils font ça DANS L'ESPACE!»

Mais soyons réalistes : nous ne sommes pas tous des artistes ou des astronautes. La plupart d'entre nous font leur boulot sans en retirer quelque gloire que ce soit. Cela dit, il y a très certainement dans ce que vous faites une part de créativité, et il est probable que les gens s'intéresseront à votre travail si vous le présentez de la bonne façon. Pour tout dire, vous retirerez davantage du partage de votre processus si les produits de votre labeur ne sont pas évidents à partager ; ou si vous en êtes toujours au stade d'apprentissage et n'avez pas de portfolio à présenter ; ou si le processus dans lequel vous êtes engagé ne promet pas nécessairement de mener à un produit fini tangible.

Mais comment peut-on partager son travail comme un artiste quand on n'a encore rien de concret à montrer ? Pas de problème : réunissez les bribes et fragments issus de votre processus et faites-en quelque chose d'intéressant à partager. Vous devez rendre l'invisible visible, le transformer en une manifestation que les autres pourront contempler et apprécier. Lorsqu'on a demandé au journaliste David Carr quel conseil il donnerait aux étudiants d'aujourd'hui, il a répondu ceci : « Créez quelque chose. Les employeurs potentiels que vous

RECHERCHES	CARNET DE BORD
RÉFÉRENCES	BROUILLONS
DESSINS	PROTOTYPES
PLANS	DÉMOS
ESQUISSES	DIAGRAMMES
ENTREVUES	NOTES
ENREGISTREMENTS	INSPIRATION
PHOTOS	SCRAPBOOK
VIDÉOS	RÉCITS
BABILLARDS	COLLECTIONS

solliciterez se foutent de votre curriculum vitæ ; ils veulent savoir si vous êtes capable de faire quelque chose de vos propres mains et de votre propre initiative. »

Devenez le documentariste de votre travail. Tenez un carnet dans lequel vous noterez vos idées, ou enregistrez-les à l'aide d'un dictaphone. Tenez un scrapbook. Photographiez abondamment votre travail, et ce, aux différentes étapes du processus. Faites des vidéos de vous en train de travailler. Ne pensez pas à faire de l'art, mais plutôt à documenter votre démarche en utilisant les instruments qui sont déjà à votre disposition – les téléphones intelligents, par exemple, qui sont des outils multimédias polyvalents et efficaces.

Vous devriez documenter votre processus créatif même si vous ne comptez pas partager tout de suite votre travail sur Internet. Cet exercice vous permettra de jeter un regard plus objectif sur ce que vous faites et de mieux mesurer vos progrès. Et quand vous serez prêt à partager, vous aurez déjà une bonne quantité de matériel dans vos archives.

③ PARTAG

JOUR QUEL

EZ CHAQUE

QUE CHOSE

« Montrez chaque jour un peu de votre travail, et vous rencontrerez des gens fantastiques. »

—*Bobby Solomon*

FAITES UN COMPTE RENDU QUOTIDIEN

Le succès instantané est un mythe. Les gens qui semblent avoir réussi du jour au lendemain ont bien souvent une décennie entière de persévérance et de travail acharné derrière eux. Il faut du temps pour trouver sa voix et créer une œuvre substantielle – c'est bien souvent l'affaire de toute une vie. Mais personne ne s'attend à ce que vous fassiez ça d'un coup. N'attendez pas des mois ou des années pour vous manifester : commencez tout de suite, en prenant ça un jour à la fois.

La journée est la seule unité de temps à laquelle je peux vraiment m'identifier. Les saisons se succèdent à un rythme trop lent, les semaines sont des inventions purement humaines, mais la journée, elle, a un rythme facile à scander. Le soleil se lève, le soleil se couche. Je peux composer avec ça sans problème.

Une fois par jour, après que vous aurez fini votre travail, révisez votre documentation pour voir quel extrait de votre processus vous pourriez partager. L'extrait que vous choisirez dépendra du point où vous en êtes dans votre processus : si vous vous situez aux toutes premières étapes, partagez vos influences et votre inspiration ; si vous en êtes au milieu du projet, montrez aux autres votre travail en cours et parlez-leur de vos méthodes ; si vous avez complété votre projet, montrez le produit fini ainsi que les ébauches ou tentatives que vous avez écartées. Et si plusieurs de vos projets sont déjà diffusés, racontez comment ils évoluent et comment les gens interagissent avec eux.

Ce compte rendu quotidien est plus efficace qu'un curriculum vitæ ou qu'un portfolio parce qu'il montre ce sur quoi vous êtes en train de travailler *en ce moment*. « Quand je fais passer des entrevues à des candidats qui veulent travailler pour moi, disait l'artiste Ze Frank, ils me montrent toujours des trucs qu'ils ont faits à l'école ou sur un autre job alors que moi, ce que je veux savoir, c'est ce qu'ils ont créé la fin de semaine passée. » Partager avec les gens un compte rendu quotidien, c'est comme de leur donner tout le contenu bonus du DVD avant la sortie

UN JOUR

↓

×

UN MOIS

↓

× ×
× × × × ×
× × × × × ×
× × × × × ×
× × × × × ×
× × × × × ×

UN AN

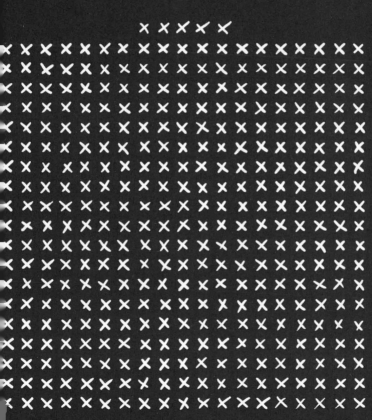

du film, de leur permettre de voir les scènes coupées et d'écouter le commentaire du réalisateur *alors même que le film est en train d'être tourné!*

Votre compte rendu quotidien peut prendre la forme que vous désirez : il peut s'agir d'un billet publié sur un blogue, d'un courriel, d'un tweet, d'une vidéo sur YouTube, peu importe. Tous les types de communication se valent. Pas de règles à suivre de ce côté-là.

Les médias sociaux sont le véhicule idéal pour mettre les gens au courant de vos derniers développements. Plutôt que de vous éparpiller sur toutes les plateformes à la fois, choisissez le site qui vous convient le mieux en vous basant sur ce que vous faites et sur le type d'auditoire que vous désirez attirer : cinéastes et vidéastes se retrouvent sur YouTube et Vimeo ; les gens d'affaires adorent LinkedIn ; les écrivains favorisent Twitter ; les artistes visuels gravitent autour de sites comme Tumblr, Instagram et Facebook. Restez vigilant cependant, car le paysage des médias sociaux est en constante évolution : les plateformes apparaissent et disparaissent à un rythme époustouflant.

N'ayez pas peur d'être dans les premiers à adopter une nouvelle plateforme. Prenez-en connaissance et voyez ce que vous pouvez faire avec elle. Si vous ne lui trouvez aucune utilité, abandonnez-la sans regret. Et soyez créatif. Bien qu'il soit né aveugle, Tommy Edison s'est donné le défi de devenir photographe et critique de cinéma ; il prend des photos de son quotidien et les publie sur Instagram – son nom de compte est blindfilmcritic. Il est suivi par plus de 30 000 abonnés !

La plupart des médias sociaux nous invitent à taper des messages dans des boîtes de dialogue. Ce qu'on écrira dans ces boîtes dépendra souvent de la question incitative que nous lance le site. Facebook nous invite à nous révéler en nous posant des questions comme «Comment vous sentez-vous ?» ou «À quoi pensez-vous ?». Twitter nous demande : «Qu'est-ce qui se passe ?» J'aime bien la formule de dribbble.com, un site pour concepteurs et graphistes qui pose à ses membres la question «What are you working on ?» – sur quoi êtes-vous en train de travailler ? Peu importe la plateforme que vous utiliserez, c'est à cette question que vous devez répondre. Ne montrez pas des photos du repas ou du café que vous venez de commander. Montrez votre travail. Partagez comme le ferait un artiste.

LA LOI DE STURGEON

PAS BON ▪ BON

Ce que vous publiez sur Internet n'a pas besoin d'être parfait. L'auteur de science-fiction Theodore Sturgeon disait que 90 pour cent de tout ce qui se fait est de la merde. Cela vaut aussi pour notre travail : la majorité de ce que nous faisons n'est pas nécessairement bon, et c'est justement pour ça qu'il faut montrer notre travail aux autres, parce que leur réaction nous aidera à départager le bon du mauvais dans notre propre production. « On ne sait pas toujours reconnaître la valeur de ce qu'on a entre les mains, disait l'artiste Wayne White. Il suffit parfois d'un peu d'interaction sociale pour que cette valeur nous soit révélée. »

Et ne me dites pas que vous n'avez pas suffisamment de temps à consacrer à vos activités créatives ! Nous sommes tous des gens occupés, mais nous disposons tous de 24 heures dans une journée. On me demande souvent : « Austin, où trouves-tu le temps de faire tout ça ? » Le temps de faire les choses, je le trouve dans chaque infime repli du quotidien, dans tous ces petits intervalles qui se cachent entre les plus grosses tâches et responsabilités : le temps dont vous avez besoin, vous le trouverez dans le train ou le bus qui vous mène à la maison ou au boulot ; durant votre heure de lunch ; dans les quelques heures de répit dont vous disposez après avoir mis les enfants au lit. Vous devrez peut-être manquer un épisode de votre émission de télé favorite, vous aurez peut-être à sacrifier une heure de sommeil, mais je parie qu'en cherchant bien vous trouverez le temps qui vous manque. Personnellement, j'aime travailler quand le reste du monde est assoupi, et partager quand il est au travail.

Il ne faut évidemment pas que vous passiez plus de temps à partager votre travail qu'à travailler. Si vous avez du mal à trouver un juste équilibre, réglez un décompte de 30 minutes sur une minuterie ; lorsque l'alarme sonnera, quittez Internet et remettez-vous au travail.

« Prenez ça un jour à la fois. Si ça paraît simple, c'est que ce l'est, mais ça ne veut pas dire que c'est facile. Pour y arriver, il faut être bien entouré et bien structuré. »

—*Russell Brand*

L'IMPORTANCE DE LA PERTINENCE

« Ne vous y méprenez pas, ceci n'est pas votre journal intime. Le but n'est pas de s'exprimer sans restriction, mais de choisir soigneusement chaque mot. »

—*Dani Shapiro*

N'oubliez jamais que tout ce que vous publiez sur le Web devient aussitôt public. « Internet est comme une gigantesque photocopieuse, écrivait l'auteur Kevin Kelly. Toute chose qui entre en contact avec Internet et qui peut être copiée le sera, et ces copies ne pourront jamais être effacées. » En tant que créateur, vous *voulez* que le travail que vous partagez en ligne soit copié et disséminé aux quatre coins du Net. Raison de plus pour ne pas publier des choses que vous ne tenez pas à montrer à tout un chacun. Comme le disait la publiciste Lauren Cerand : « Choisissez ce que vous mettez sur Internet comme si chaque personne qui verra ou lira ce que vous publiez avait le pouvoir de vous congédier. »

Soyez ouvert, partagez des œuvres imparfaites ou inachevées sur lesquelles vous voulez avoir l'avis du public, mais évitez de tout dévoiler. Partagez judicieusement plutôt qu'abondamment.

Partager est un acte de générosité : à la base, quand on diffuse quelque chose sur Internet, c'est parce qu'on a envie d'aider ou de divertir quelqu'un quelque part, de l'autre côté de l'écran.

CE QU'IL FAUT MONTRER SUR INTERNET:

~~SON CHIEN~~   ~~COUCHERS DE SOLEIL~~

~~SON CHAT~~   ~~CE QU'ON A MANGÉ~~

~~PHOTOS DE BÉBÉS~~   ~~TASSE DE CAFÉ~~

~~AUTOPORTRAITS~~   (SON TRAVAIL)

Durant mes études universitaires, je me souviens qu'après nous avoir remis les dissertations qu'elle avait corrigées, une de mes profs est allée au tableau et a écrit en grosses lettres : *Qu'est-ce que ça vaut ?* « Posez-vous cette question chaque fois que vous écrivez quelque chose », a-t-elle dit ensuite. C'est un conseil que je n'ai jamais oublié.

Avant de partager une chose sur Internet, interrogez-vous sur sa valeur et sa pertinence – sans aller jusqu'à vous torturer les méninges, bien entendu. Fiez-vous à votre instinct. Si vous n'êtes pas certain de vouloir partager cette chose, accordez-vous 24 heures pour y réfléchir. Mettez-la de côté et passez à autre chose. Le lendemain, contemplez-la d'un regard neuf et posez-vous des questions du genre : « Est-ce divertissant ? Est-ce que ça pourrait être utile à quelqu'un ? Est-ce quelque chose que j'oserais montrer à ma mère ou à mon patron ? » Il n'y a rien de mal à mettre des choses de côté en vue d'un usage ultérieur. Le bouton SAUVEGARDER COMME BROUILLON agit un peu comme un préservatif : il ne procure pas vraiment de plaisir sur le moment, mais le lendemain, on est très heureux de l'avoir utilisé.

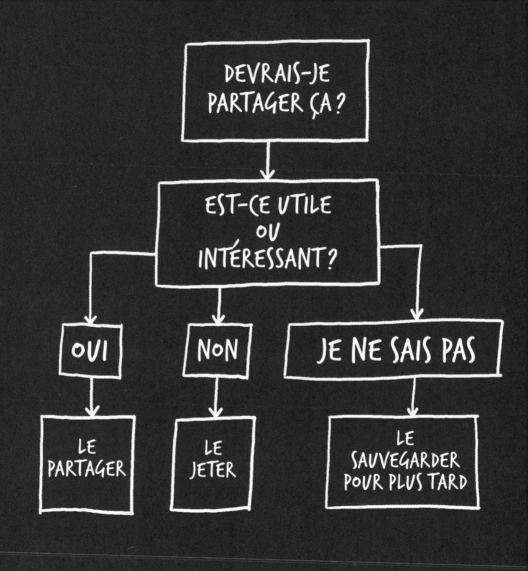

LAISSEZ COULER, PUIS STOCKEZ

« Une chose sur laquelle on travaille un peu chaque jour peut éventuellement devenir une œuvre volumineuse. »

—Kenneth Goldsmith

L'auteur Robin Sloan a établi un parallèle intéressant entre le concept économique de stock et de flux et la notion de partage de contenu sur Internet : « Le flux, c'est le flot des interventions ponctuelles que l'on fait sur Internet, les tweets et les billets qu'on publie pour rappeler aux autres qu'on existe. Le stock, c'est le contenu durable, ces choses que l'on produit et qui promettent d'être aussi intéressantes dans deux mois (ou deux ans) qu'elles le sont aujourd'hui. Le stock garde sa pertinence : il prend de l'ampleur lentement mais sûrement et s'attire de plus en plus de visibilité au fil du temps. » Sloan dit que pour maintenir un bon équilibre, il faut continuer d'alimenter le flux tout en poursuivant la production de stock en arrière-plan.

Selon mon expérience, c'est en rassemblant, en organisant et en développant son flux qu'on parvient à produire du stock. Les médias sociaux sont un peu comme des carnets de notes publics : ce sont des endroits où on pense tout haut pour ensuite laisser les gens élaborer sur notre réflexion, ce qui nous amène en retour à pousser plus loin cette réflexion. Mais un carnet de notes n'est utile que si on le consulte périodiquement

FLUX

STOCK

pour relire ce qu'on a écrit dedans. Vos vieilles idées sont le reflet de votre pensée. Une fois que vous aurez pris l'habitude de partager chaque jour quelque chose sur Internet, vous remarquerez bientôt que certains thèmes, motifs ou tendances émergent de ce que vous partagez. En d'autres mots, il y a dans votre flux une forme qui cherche à s'imposer.

Chaque fois que vous détecterez ce genre de motif, essayez d'assembler des bribes et fragments de votre flux en un tout cohérent et substantiel. C'est ainsi qu'on transforme le flux en stock. C'est d'ailleurs comme ça que j'ai procédé pour écrire ce livre : une bonne part des idées que vous trouvez ici ont vu le jour en tant que tweets, puis elles sont devenues des articles de blogue et, enfin, des chapitres de livre. Tous ces petits riens que vous assemblerez au fil du temps finiront par former quelque chose de grand.

FAITES-VOUS UN NOM (DE DOMAINE)

> « Prenez le temps de vous ménager une place sur Internet, de créer un espace où vous vous exprimerez et partagerez votre travail. C'est là un des meilleurs investissements que vous puissiez faire. »
>
> —Andy Baio

Les réseaux sociaux sont des outils fantastiques ; cependant, leur pérennité n'est pas garantie : bien des sites comme Myspace, Friendster et GeoCities sont tombés en défaveur après avoir connu leur heure de gloire. Quand on est vraiment intéressé à partager son travail et à s'exprimer, la meilleure solution est de fonder son propre site. Un site personnel est un endroit dont on a le plein contrôle, un bien que personne ne peut nous enlever. C'est le quartier général où le monde entier peut nous trouver.

Il y a plus de 10 ans que j'ai assuré mon fief sur Internet en achetant le nom de domaine austinkleon.com. J'étais un pur amateur quand j'ai commencé à bâtir mon site Web ; je n'y connaissais absolument rien, et donc ma première mouture était plutôt élémentaire et pas jolie du tout. J'ai éventuellement appris à installer un blogue, et c'est là que tout a changé. Le blogue est une vraie machine à transformer le flux en stock : un billet de blogue n'est rien en soi, mais si vous en publiez mille dans le courant d'une décennie, ça commence à ressembler à l'œuvre d'une vie ! Mon blogue, c'est à la fois mon bloc-notes, mon carnet de croquis, mon atelier, ma galerie d'art personnelle, ma boutique et ma salle de séjour. Absolument tout ce qui m'est arrivé de bien dans ma carrière a vu le jour dans mon blogue : mes livres, mes expositions, mes conférences ; certaines de mes plus grandes amitiés existent parce que je me suis ménagé une petite place sur Internet.

Si vous ne devez retenir qu'une chose de ce livre, c'est que vous devez enregistrer au plus vite votre propre nom de domaine. Achetez www.[insérez votre nom ici].com, ou alors employez un pseudonyme ou un nom d'emprunt si votre nom est trop courant ou si vous ne l'aimez pas. Procurez-vous ensuite un forfait chez un hébergeur de sites Web, puis construisez votre site. (Tout ça peut sembler très technique, mais ce ne l'est pas vraiment ; il vous suffira de consulter quelques livres et de faire un peu de recherches sur Google pour savoir comment procéder.) Si vous n'avez pas le temps ou pas envie de bâtir votre propre site, adressez-vous à un concepteur Web. Et ne vous inquiétez pas si votre site n'est pas particulièrement beau au début. L'important, c'est qu'il existe.

Un site Internet ne sert pas qu'à se promouvoir soi-même : c'est aussi l'outil idéal pour se réinventer. En ligne, chacun de nous peut devenir celui ou celle qu'il a toujours voulu être. Peuplez votre site Web de votre travail, de vos idées et de

Vas-

y,

google-

moi.

toutes les choses qui vous tiennent à cœur. Viendra sans doute un temps où vous aurez envie d'abandonner votre site personnel pour concentrer vos interventions sur les médias sociaux. Ne cédez pas à cette tentation. Maintenez votre site à jour et permettez-lui d'évoluer au fil du temps, et je vous garantis que vous ne le regretterez pas. À long terme, vous verrez que c'est un excellent investissement.

L'écrivain William Burroughs a donné ce conseil à la chanteuse Patti Smith à l'époque où elle était jeune et commençait dans le métier: «Fais-toi un nom, et ensuite soigne ta réputation. Ne fais pas de compromis, ne pense pas à l'argent ni à la célébrité… Bâtis-toi un nom en faisant du bon travail et tu verras qu'avant longtemps ce nom deviendra une valeur sûre.»

Quand une chose nous appartient, on peut en faire ce qu'on veut. Votre nom de domaine, c'est votre royaume, et sur ce domaine vous n'avez pas à faire de compromis. Faites-vous un nom et une réputation, et éventuellement votre nom de domaine deviendra une valeur sûre. Occupez cet espace, faites-en ce que vous voulez, sachant que quand les gens seront prêts à venir vous visiter, vous le serez aussi.

④ OUVRE

CABIN

CUR

Z VOTRE

ET DE

IOSITÉS

« Le problème avec l'amassement compulsif est qu'on finit toujours par vivre de ses propres réserves. Inévitablement, on en vient à piétiner. Quand on se débarrasse de toutes ces choses qui nous encombrent, ça nous oblige à jeter sur le monde un regard neuf, à faire le plein, à être plus alertes. En somme, plus on donne et plus on obtient en retour. »

—*Paul Arden*

ÉVITEZ L'AMASSEMENT COMPULSIF

Aux 16ᵉ et 17ᵉ siècles, c'était la mode pour les Européens riches et éduqués de tenir chez eux un *wunderkammern*, ou « cabinet de curiosités ». Cette pièce remplie d'objets rares et remarquables était censée représenter la curiosité, la soif de connaissances que le collectionneur nourrissait à l'endroit du monde. Un cabinet de curiosités pouvait contenir des livres, des squelettes, des bijoux, des coquillages, des œuvres d'art, des pierres et minéraux, des spécimens de taxidermie et une foule d'autres objets exotiques. Les créations de l'homme et de la nature s'y trouvaient bien souvent juxtaposées en une sorte de pot-pourri

qui révélait à la fois les merveilles de l'entreprise humaine et l'œuvre de Dieu. Le cabinet de curiosités peut en quelque sorte être considéré comme le précurseur du musée moderne puisqu'il s'agissait d'un endroit voué à l'étude de l'histoire, de la nature et des arts.

Nous collectionnons tous les choses qui nous tiennent à cœur. Ces cabinets de curiosités sont parfois bien concrets, des étagères remplies des livres, disques et films que nous aimons, mais ils peuvent aussi être intangibles et résider en nous, un musée du cœur rassemblant les souvenirs des endroits que nous avons visités, des gens que nous avons connus, des expériences que nous avons vécues. Ces scrapbooks intérieurs façonnent nos goûts et affinités, et en retour ces derniers influencent notre travail.

La différence entre créer et collectionner n'est pas aussi grande qu'on pourrait le croire. Je connais beaucoup d'écrivains qui considèrent la lecture et l'écriture comme des activités indissociables : la première stimule la seconde, et vice-versa. « Je suis un peu comme un conservateur de musée, disait l'auteur à succès Jonathan Lethem. Mon travail d'écrivain est très lié à celui que je faisais quand j'étais libraire, en ce sens que je cherche à attirer l'attention des gens vers les choses que j'aime. Évidemment, l'écriture m'amène aussi à transformer les choses que j'aime pour en faire quelque chose d'inédit.»

Bien que nos goûts soient une partie importante de nous, ils ne sont pas toujours fidèlement représentés dans notre travail. «Les créateurs sont généralement des gens qui ont du goût, affirme le populaire animateur de radio Ira Glass. Mais il y a souvent divergence entre le bon goût du créateur et la qualité de sa production artistique : durant ses premières années de pratique, cette dernière n'est pas toujours à la hauteur de ses attentes. Bien que le créateur souhaite être meilleur, il n'en a pas encore la capacité. Mais pendant toute cette période formatrice, ce bon goût qui l'a poussé vers la création demeure entier.» L'expérience artistique ne s'acquiert pas du jour au lendemain. C'est pourquoi, avant de plonger et de partager votre travail avec le monde entier, vous devez commencer par partager vos goûts avec les autres.

Qu'est-ce qui vous inspire ? Quelles sont les choses qui occupent vos pensées ? Que lisez-vous ? Êtes-vous abonné à des journaux ou revues ? Quels sont vos sites Internet préférés ? Qu'est-ce que vous écoutez comme musique ? Vous intéressez-vous à l'art, au cinéma ? Êtes-vous un collectionneur ? Que mettez-vous dans votre scrapbook ? Qu'épinglez-vous au babillard de votre bureau ou sur votre réfrigérateur ? Avez-vous des héros ? Y a-t-il des gens dont vous admirez le travail ? À qui piquez-vous des idées ? Qui suivez-vous sur le Web ? Quelles personnes suscitent votre admiration dans votre domaine de prédilection ?

Vos influences valent la peine d'être partagées, car elles disent aux autres qui vous êtes et ce que vous faites. Et elles font parfois cela mieux que votre propre travail ne saurait le faire.

> « C'est à la collection de disques d'un individu qu'on voit sa valeur. »
>
> —DJ Spooky

AU DIABLE LA CULPABILITÉ !

« Les plaisirs coupables,
je ne crois pas à ça. Chacun a
le droit d'aimer ce qu'il veut. »

—*Dave Grohl*

Il y a environ 20 ans, un éboueur new-yorkais nommé Nelson Molina s'est mis à collectionner les objets uniques ou artistiques qu'il trouvait dans les déchets des gens, ce qui l'a amené à fonder le «Trash Museum», un musée de fortune se trouvant sur East 99th Street, au-dessus du garage des services sanitaires de la ville de New York. La collection de cet éboueur peu banal compte aujourd'hui des milliers de photos, d'affiches, de tableaux, d'instruments de musique, de jouets et autres babioles éphémères. Molina n'a pas cherché à imposer de principe unificateur à cet assemblage ; il y intègre les objets qui lui plaisent, tout simplement. Ses confrères de travail lui soumettent parfois des objets intéressants, mais au bout du compte, c'est Molina qui a le dernier mot : «Je dis aux gars, apportez-moi ce que vous trouvez, et je vais décider si on l'accroche ou pas.» L'auteur de cette collection inusitée a peint pour son musée une enseigne qui dit TREASURE IN THE TRASH BY NELSON MOLINA (Les trésors des poubelles, par Nelson Molina).

NOTICE

DO NOT DUMP RUBBISH OR GARBAGE

Attention, ne pas jeter d'ordures ou de déchets

Bon nombre d'artistes trouvent dans les débris de notre culture de quoi s'inspirer, fouillant dans les poubelles des gens pour en extirper des trésors que d'autres ont rejetés ou ignorés. Il y a plus de 400 ans, Michel de Montaigne écrivait ceci dans un essai intitulé *De l'expérience*: «Des plus ordinaires choses, des plus communes et connues… se peuvent former les plus grands miracles de nature et les plus merveilleux exemples.» Ainsi, pour découvrir des joyaux cachés, il suffit d'avoir l'œil vif, l'esprit ouvert, et être prêt à aller chercher l'inspiration dans les endroits les plus incongrus.

Nous aimons tous des choses que d'autres considèrent comme de la merde. Il faut avoir le courage de ses goûts, même si ce que nous aimons n'obtient pas la faveur du public, car ce qui nous rend uniques, c'est justement la diversité de nos influences, la façon dont nous intégrons et agençons les différents aspects de notre culture, de ses expressions les plus exaltées à ses manifestations les plus basses et vulgaires.

Ne vous laissez pas intimider par les gens qui dénigrent les choses que vous aimez. Vous n'avez pas à vous sentir

Comment

être

exceptionnel ?

La **première étape** est d'arrêter d'essayer.

coupable du plaisir que ces choses vous procurent. Au contraire, faites-en l'éloge. Assumez pleinement vos goûts et vos influences, et partagez-les avec les autres en toute sincérité. Ne soyez pas comme ces puristes qui ergotent pour savoir quel groupe punk est le plus « authentique ». N'essayez pas d'être cool ou branché. En étant ouvert et honnête à propos de ce que vous aimez, vous saurez joindre les personnes qui aiment les mêmes choses que vous.

« Faites les choses que vous faites le mieux, et créez des liens Internet pour renvoyer au reste. »

—Jeff Jarvis

DONNEZ À CHACUN SON DÛ

Quand vous partagez le travail d'autres personnes sur Internet, vous devez toujours prendre soin de donner aux créateurs le crédit qui leur revient. Cet exercice d'attribution peut sembler futile en cette ère du copier-coller où tout le monde passe son temps à rebloguer et à retweeter, mais en toute bonne conscience, il vaut la peine que vous vous y prêtiez. Partagez le travail des autres avec respect et discernement, comme s'il s'agissait de votre propre travail.

La reconnaissance des sources que vous utilisez ne profite pas uniquement au créateur originel : les personnes avec qui vous partagez ce travail gagnent elles aussi à savoir qui en est l'initiateur. Quand vous n'attribuez pas correctement les choses que vous diffusez, vous empêchez les gens avec qui vous les partagez d'en apprendre davantage sur leur auteur ou de fouiller plus profondément dans son œuvre.

Comment doit-on s'y prendre pour donner aux créateurs leur dû ? Une attribution bien formulée doit fournir un contexte aux réalisations que vous partagez : En quoi consiste ce travail ? Qui en est l'auteur ? Où et quand a-t-il été réalisé ? Quel en est le processus créatif ? Pourquoi le partagez-vous ? Pourquoi les gens devraient-ils s'y intéresser ? Où peut-on trouver d'autres exemples de ce genre de travail ? Une attribution, c'est un peu comme un cartel, cette petite étiquette qui accompagne les œuvres dans les musées et galeries pour donner de l'information à leur sujet.

Il est également bon de mentionner où on a trouvé les choses qu'on partage avec les autres – c'est un aspect trop souvent négligé de l'attribution. Mentionnez les gens qui vous ont aidé à découvrir les créateurs intéressants dont vous tenez à partager le travail ; vous permettrez ainsi à ceux qui vous suivent de remonter la filière des individus et éléments qui vous ont inspiré. J'ai rencontré toutes sortes de personnes

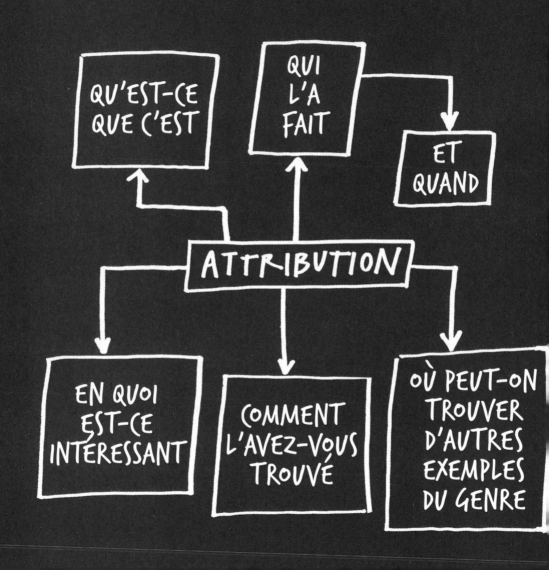

fascinantes sur Internet simplement en cliquant sur les liens « via » ou « h/t », un symbole signifiant *hat tip* que les internautes emploient pour signifier leur reconnaissance à l'auteur d'une contribution ou d'un lien intéressant. Ces rencontres n'auraient pas eu lieu si les personnes que je suis sur Internet n'avaient pas fait preuve de rigueur et de générosité dans leur processus d'attribution.

La forme d'attribution la plus importante qu'on puisse faire en ligne est un hyperlien qui renvoie au site du créateur originel et permet ainsi aux gens de remonter automatiquement à la source. S'il est une chose qu'on doit savoir au sujet des internautes, c'est qu'ils sont plutôt paresseux : si vous n'incluez pas de lien sur lequel cliquer, 99,9 pour cent d'entre eux ne feront pas l'effort de lancer une recherche sur Google. Une attribution sans lien ne vaut pas grand-chose.

Mais que faire quand on veut partager une chose dont on ne peut retracer ni l'auteur ni l'origine ? La réponse est simple : ne partagez pas des choses que vous ne pouvez pas attribuer correctement. Trouvez la bonne référence, ou alors abstenez-vous de partager.

⑤ RACON

BONNES

TEZ DE

HISTOIRES

VOTRE TRAVAIL NE PARLE PAS DE LUI-MÊME

Fermez les yeux et imaginez que vous êtes un riche collectionneur visitant un musée. Vous entrez dans la première salle pour découvrir deux tableaux gigantesques accrochés au mur arrière. Ces œuvres de plus de trois mètres de hauteur dépeignent toutes deux la scène d'un port baigné dans la lumière du couchant. Vous êtes à l'autre bout de la pièce, et de cette distance les deux tableaux paraissent identiques : on y voit les mêmes bateaux, les mêmes reflets sur l'eau, le même soleil frôlant l'horizon. Vous vous approchez pour les étudier de plus près. Le musée n'a joint aux œuvres aucun cartel ou texte explicatif. Votre curiosité est piquée. Vous passez une heure à scruter ces œuvres que, faute de mieux, vous avez baptisées « tableau A » et « tableau B ». Vous analysez les coloris, comparez les coups de pinceau, mais au bout du compte, vous devez vous rendre à l'évidence : vous n'arrivez pas à détecter quelque différence que ce soit entre ces deux tableaux.

Vous jetez un œil autour de vous. Y a-t-il ici quelqu'un qui saurait vous aider à élucider ce mystère ? C'est alors que survient le conservateur du musée. Quand vous l'interrogez au sujet de ces œuvres qui vous obsèdent, il vous répond que le tableau A a été peint au 17e siècle par un maître hollandais. « Mais qu'en est-il du tableau B ? » demandez-vous. « Ah oui, le tableau B, fait le conservateur. C'est un faux. Il a été peint la semaine dernière par un étudiant diplômé des beaux-arts. »

Votre regard se porte de nouveau sur les tableaux. Maintenant que vous connaissez leur provenance, lequel vous semble le meilleur ? Lequel aimeriez-vous posséder ?

Qu'est-ce que tout ça démontre ? Eh bien, que ce que l'on sait d'une œuvre influe nécessairement sur la perception qu'on a d'elle. « On pourrait présumer que le plaisir que l'on retire d'une œuvre d'art est directement lié à sa forme, à sa structure, à ses couleurs ; mais si c'était le cas, le fait que ce soit un original ou un faux nous laisserait totalement indifférent, de raisonner le professeur de psychologie Paul Bloom. Or, notre cerveau ne fonctionne pas comme ça. Lorsqu'on nous présente quelque chose, peu importe que ce soit un objet, un visage ou un aliment, la perception que l'on a de cette chose, de sa valeur, du fait qu'on l'aime ou pas, est grandement influencée par ce que l'on nous dit à son sujet. »

Dans le livre *Significant Objects*, Joshua Glenn et Rob Walker relatent l'expérience anthropologique qu'ils ont menée pour mettre cette hypothèse à l'épreuve. «Le récit a un effet très marqué sur la valeur émotive, affirment-ils. Cet effet est si puissant qu'on peut le mesurer de manière objective en observant la valeur subjective accordée à un objet donné.» Glenn et Walker ont amorcé leur expérience en allant acheter des objets sans valeur dans des friperies, marchés aux puces et ventes-débarras. Le coût moyen de chaque objet était de 1,25 $. Ils ont ensuite embauché des écrivains – certains connus, d'autres moins – en leur donnant pour mission d'inventer pour chaque objet une histoire qui lui donnerait «une valeur et un sens». Une fois la chose faite, ils ont mis les objets en vente sur eBay en utilisant comme description les récits inventés par les écrivains. Dans chacun des cas, le prix payé à l'origine pour l'objet était le prix de départ de l'encan. Au terme de l'expérience, Glenn et Walker calculèrent qu'ils avaient récolté 3 612,51 $ pour la vente de ces babioles. Ils n'avaient déboursé que 128,74 $ pour les acheter.

> « On falsifie une photo en changeant la légende qui l'accompagne. On falsifie un tableau en en changeant l'attribution. »
>
> —*Errol Morris*

Les mots exercent sur nous une influence certaine. Les artistes se plaisent souvent à dire que leur travail parle de lui-même, mais en fait, c'est le contraire qui est vrai : *notre travail ne peut pas parler de lui-même !* Nous, les êtres humains, aimons savoir d'où viennent les choses, comment elles sont faites et qui les a faites. Les histoires que vous raconterez au sujet de votre travail auront un effet énorme sur la façon dont il sera perçu et compris par les gens, sur ce qu'ils ressentiront à son sujet. Et cette compréhension et ces sentiments influenceront en retour la valeur qu'ils lui accorderont.

« Pourquoi devrait-on décrire les frustrations et moments décisifs que l'on vit en laboratoire ? demande l'artiste Rachel Sussman. Pourquoi devrait-on parler des longues heures de préparation, de toutes ces images ratées qui mènent au résultat final ? Parce que notre auditoire est un auditoire humain et que les humains cherchent à créer des liens. Ces récits personnels nous aident à générer des associations et à mieux comprendre les concepts complexes ; ils nous amènent à nous intéresser à des choses qui en d'autres occasions nous laisseraient froids. »

ON PEUT FAIRE DIRE CE QU'ON VEUT AUX IMAGES

MONTAGNE

AILERON
DE REQUIN

STALAGMITE

CHAPEAU DE
SORCIÈRE

CHIP DE MAÏS

(VOTRE
INTERPRÉTATION)

Votre travail ne pourra pas s'épanouir si vous le tenez en vase clos. Que vous en soyez ou non conscient, vous avez déjà commencé à dresser le récit de ce que vous faites : vos courriels, vos tweets, vos textes ou commentaires sur les blogues et forums, toutes les photos et vidéos que vous publiez sur Internet forment les éléments d'un narratif multimédia en constante évolution. Pour partager plus efficacement votre travail et divers aspects de vous-même, il faut que vous deveniez un meilleur conteur.

Mais qu'est-ce qui fait qu'une histoire est bonne ? Et comment doit-on s'y prendre pour la raconter ? C'est ce que nous allons voir.

> « "Le chat est couché sur le coussin",
> ce n'est pas une histoire. "Le chat est
> couché sur le coussin du chien", ça,
> c'est une histoire. »
>
> —*John le Carré*

TOUT EST DANS LA STRUCTURE

« Au premier acte, vous faites monter votre héros dans un arbre. Au deuxième acte, vous lui lancez des pierres. Au troisième acte, vous le faites descendre. »

—*George Abbott*

LE CERCLE NARRATIF DE DAN HARMON

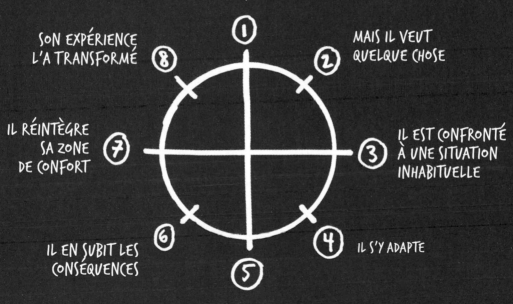

LE PERSONNAGE EST DANS SA ZONE DE CONFORT

SON EXPÉRIENCE L'A TRANSFORMÉ

MAIS IL VEUT QUELQUE CHOSE

IL RÉINTÈGRE SA ZONE DE CONFORT

IL EST CONFRONTÉ À UNE SITUATION INHABITUELLE

IL EN SUBIT LES CONSÉQUENCES

IL S'Y ADAPTE

IL OBTIENT CE QU'IL VEUT

La structure est l'aspect le plus important du récit. Le problème, c'est qu'une bonne structure narrative devrait idéalement être claire, logique et ordonnée, alors que la vie, elle, est illogique, brouillonne et imprévisible. Vu que notre vie ne ressemble pas à un conte de fées ou à un scénario hollywoodien, nous devons piger au puits de nos expériences puis couper, recadrer et assembler les bouts intéressants pour en faire quelque chose qui ressemble à une histoire. Étudiez la structure des films et des livres que vous aimez. Une fois que vous aurez compris comment on structure un récit, vous pourrez utiliser la même charpente pour structurer vos récits personnels, en remplissant les cases de la structure que vous avez déterminée avec des personnages, expériences et situations issus de votre propre vie.

La plupart des structures de récit employées aujourd'hui ont été empruntées à la mythologie antique et aux contes de fées. Emma Coats, une scénarimagiste qui a travaillé chez Pixar, a réduit la structure du conte de fées traditionnel à une grille dans laquelle chacun peut insérer ses propres éléments : « Il était une fois ____. Chaque jour, ____. Puis un jour, ____. Et il arriva ____. Qui mena à ____. Et à la fin, ____. » Essayez de remplir les blancs avec une histoire tirée de votre expérience personnelle. Vous verrez, ça marche quasiment à tous les coups !

Le philosophe Aristote a été le premier à dire qu'une histoire doit avoir un début, un milieu et une fin. L'auteur John Gardner soutient pour sa part que presque toutes les histoires sont élaborées selon le scénario de base suivant : « Un personnage veut quelque chose ; il se met en action pour tenter de l'obtenir en dépit des forces internes (le doute) ou externes qui s'y opposent ; et à la fin, il en arrive à une victoire, à un échec ou à un match nul. » J'aime cette formule de Gardner parce qu'elle s'applique très bien au travail de création : le créateur a d'abord une idée ; il travaille ensuite à sa réalisation ; et quand il présente enfin le produit final aux autres, il obtient une réaction positive (victoire) ou négative (échec), ou alors il voit son travail accueilli avec indifférence (match nul). Cette formule toute simple peut s'appliquer à n'importe quel type de travail : il y a d'abord le problème initial, puis le travail qu'on entreprend pour le résoudre, et enfin la solution.

Évidemment, dans la vie, on ne sait pas si ce qu'on est en train de vivre vaut la peine d'être raconté parce qu'on ne sait pas à quel point de l'histoire on se trouve, ni comment celle-ci va se terminer. On peut en ce cas avoir recours à un récit ouvert, dans lequel on admet qu'on est en plein cœur du déroulement d'une histoire dont on ne connaît pas la fin.

REPRÉSENTATION GRAPHIQUE D'UN RÉCIT, SELON KURT VONNEGUT

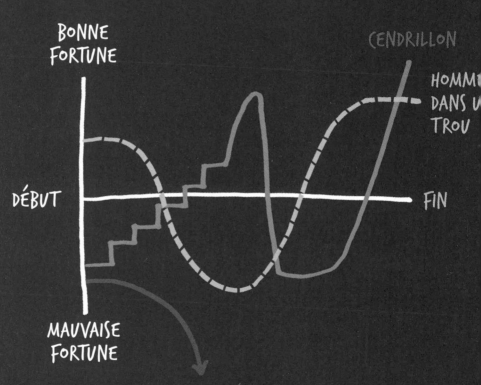

BONNE FORTUNE

CENDRILLON

HOMM[E] DANS U[N] TROU

DÉBUT

FIN

MAUVAISE FORTUNE

LA MÉTAMORPHOSE DE KAFKA

Chacun de nous a dû à un moment ou à un autre rédiger un CV ou une lettre de présentation, présenter un produit à des clients ou formuler une requête pour collecter des fonds. Quel que soit votre champ d'activité, vous avez besoin d'un récit bien bouclé pour vendre votre salade.

Un bon argumentaire de vente devrait toujours s'étaler sur trois actes : le premier acte est le passé, le second est le présent et le troisième est l'avenir. Au premier acte, vous parlez de ce que vous voulez, de ce qui vous a amené à vouloir cette chose et de ce que vous avez fait jusqu'ici pour l'obtenir. Au deuxième acte, vous expliquez où vous en êtes présentement dans votre démarche, en précisant que vous avez trimé dur et épuisé l'essentiel de vos ressources pour arriver à ce point. Au troisième acte, vous exposez ce que vous espérez accomplir dans le futur et dites en quoi la personne à qui vous adressez votre requête peut vous aider. Ce type d'argumentaire fait de votre auditeur le héros de l'histoire et lui permet d'en décider la fin, un peu comme dans la série « Livres dont vous êtes le héros ».

Songez toujours à votre auditoire quand vous racontez une histoire. Adressez-vous directement à lui, en employant un langage simple.

LA PYRAMIDE DE FREYTAG

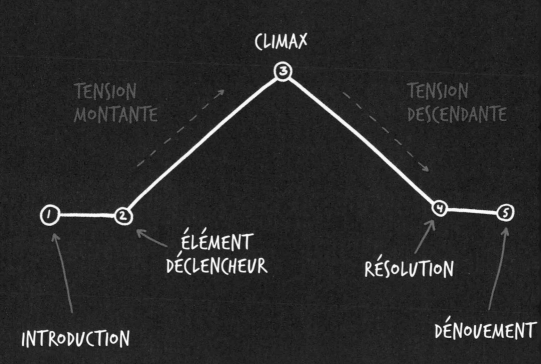

CLIMAX

TENSION MONTANTE

TENSION DESCENDANTE

① ② ③ ④ ⑤

ÉLÉMENT DÉCLENCHEUR

RÉSOLUTION

INTRODUCTION

DÉNOUEMENT

(STRUCTURE EN CINQ ACTES)

Soyez respectueux du temps qu'il vous accorde. Soyez bref et concis. Apprenez à mieux vous exprimer oralement et par écrit. Utilisez au besoin un logiciel de correction – vous n'aurez pas l'air plus « authentique » parce que vous faites des fautes d'orthographe et de grammaire, et en plus vous risquez d'être très mal compris.

Nous aimons tous lire ou entendre une bonne histoire, mais ce n'est pas tout le monde qui a un talent naturel de conteur ; la maîtrise de cet art est bien souvent l'affaire de toute une vie. Mon conseil : étudiez les histoires que les grands auteurs nous ont données, inventez-en quelques-unes de votre propre cru et racontez-les le plus souvent possible, oralement ou par écrit. Plus vous les raconterez et meilleures elles deviendront.

« Chacun doit plaider sa propre cause. »

—*Kanye West*

PARLER DE SOI AUX AUTRES

Imaginez la scène. Vous êtes à une fête en train de prendre un verre quand une belle étrangère s'approche de vous pour vous parler. Une fois les présentations faites, inévitablement elle vous demande : « Et toi, qu'est-ce que tu fais dans la vie ? »

Si vous êtes médecin, avocat, enseignant ou plombier, pas de problème, vous répondez sans hésiter, car vous avez un bon métier et tout le monde sait ce que c'est. Mais pour bon nombre d'entre nous, la question est embarrassante et il est difficile d'y répondre sans avoir à s'expliquer.

Pour les artistes, c'est la question piège par excellence. Si vous dites « Je suis écrivain », il est probable qu'on vous demandera ensuite si vous avez déjà publié, ce qui est une façon à peine voilée de demander si vous gagnez de l'argent avec votre plume.

La meilleure manière d'aborder ce genre de situations est de les traiter non pas comme des interrogatoires, mais comme des occasions d'entrer en contact avec une autre personne en lui expliquant ce que vous faites aussi franchement et humblement que possible. Vous devriez être capable d'expliquer ce que vous faites à n'importe qui, de votre neveu de 7 ans à votre grand-mère de 77 ans. Mais encore une fois, il est important que vous adaptiez votre récit à votre auditoire : vous n'expliquerez pas votre travail à votre mère de la même manière que vous le feriez pour vos copains de bar.

Bon, je vous demande ici de raconter votre histoire, mais ça ne veut pas dire que vous devez donner dans la fiction. Tenez-vous-en aux faits, dites la vérité en vous racontant avec respect et dignité. Si vous êtes étudiant, alors dites que vous êtes étudiant. Si vous êtes un artiste qui a un boulot régulier pour gagner sa croûte, n'ayez pas peur d'en parler – pendant des années, je me suis présenté en disant que j'étais concepteur de sites Web le jour et poète la nuit. Si, comme moi, votre travail défie toute catégorisation, dites quelque chose

HELLO
my name is

Bonjour je m'appelle

comme : « Je suis un écrivain qui dessine. » (C'est ainsi que je me décris, un titre que j'ai emprunté au bédéiste Saul Steinberg.) Si vous êtes au chômage, eh bien dites-le, en prenant soin de mentionner ensuite quel type de travail vous cherchez. Si vous travaillez mais êtes mal à l'aise de dire ce que vous faites, demandez-vous pourquoi il en est ainsi. C'est peut-être que vous aimeriez changer de métier, ou que vous ne faites pas ce que vous seriez censé faire dans celui que vous avez choisi – pendant des années, je me suis senti mal de dire « je suis écrivain » parce que je n'écrivais pas en tant que tel. Le célèbre écrivain George Orwell a dit : « Une autobiographie ne peut être considérée comme vraisemblable que si elle révèle des détails infamants au sujet de son auteur. »

Considérez vos interlocuteurs avec empathie. Certains se cantonneront dans un silence embarrassé, d'autres vous bombarderont de questions. Répondez-leur avec patience et politesse.

Vous devez écrire une courte bio sur vous-même ? Alors les mêmes principes s'appliquent. Une biographie n'est pas un exercice de créativité. Bien que chacun de nous se considère comme un être complexe qui ne saurait être décrit en deux phrases, c'est justement d'une description de deux phrases que les gens qui liront votre bio ont besoin. Soyez bref et concis.

Rayez de votre bio tout adjectif inutile. Si vous prenez des photos, ne dites pas que vous êtes un « aspirant » photographe ou un photographe « fabuleux ». Vous êtes photographe, point à la ligne. Ne brodez pas, ne chantez pas vos propres louanges. Tenez-vous-en aux faits.

Une dernière chose : à moins que vous ne soyez réellement un ninja, un gourou ou une star du rock dans la vie, n'employez jamais ces termes dans votre biographie. Et je pèse mes mots quand je dis « jamais ».

« Quoi qu'on dise, on est toujours en train de parler de soi-même. »

—*Alison Bechdel*

⑥ PART
VOTRE

AGEZ
SAVOIR

« Cette tentation que l'on a de garder pour soi-même ce que l'on a appris n'est pas seulement honteuse, mais destructrice. Tout ce qu'on ne donne pas librement et abondamment finit par nous échapper. Vous ouvrirez finalement ce coffre-fort pour n'y trouver que des cendres. »

—*Annie Dillard*

PARTAGEZ VOS SECRETS PROFESSIONNELS

L'univers du barbecue est reconnu comme un monde secret et très compétitif; aussi étais-je très étonné, l'hiver dernier au légendaire resto Franklin Barbecue d'Austin, Texas, de voir Aaron Franklin, ce maître incontesté du gril, révéler à une équipe de télévision la technique qu'il emploie pour fumer ses mythiques côtes levées. Mon amie Sara Robertson, productrice à KLRU, une chaîne de télé locale affiliée à PBS, m'avait invité à assister à l'enregistrement de *BBQ with Franklin*, une série Web diffusée sur YouTube et réalisée en financement participatif qui enseigne à son auditoire les secrets et techniques du barbecue. Franklin y explique par exemple comment modifier un fumoir ordinaire pour en tirer des résultats optimaux, comment sélectionner le meilleur bois, allumer le feu, choisir une bonne pièce de viande, à quelle température on doit fumer la viande, comment trancher le produit fini, et ainsi de suite.

J'ai commencé à fréquenter le Franklin Barbecue en 2010, alors que ce n'était rien de plus qu'une roulotte garée le long de l'autoroute 35. En l'espace de trois ans, le petit commerce a grandi tant et si bien qu'il a réussi à s'imposer comme un des plus grands restos de grillades au monde – la revue *Bon Appétit* dit qu'on y sert « les meilleures grillades au Texas, voire en Amérique ». Six jours par semaine, qu'il pleuve à boire debout ou qu'il fasse 100 degrés à l'ombre, il y a à l'extérieur une file d'attente qui fait le tour du pâté de maisons. Et chaque jour où il est ouvert, l'établissement écoule tout son stock de viande ! Au vu d'un tel succès, on croirait qu'Aaron Franklin chercherait à garder jalousement ses secrets. Et pourtant, ce n'est pas le cas.

Profitant d'une pause dans le tournage de l'émission, j'ai discuté un peu avec Aaron et sa femme Stacy. Ils m'ont expliqué que la technique du barbecue est très simple à la base, mais qu'il faut des années et des années de pratique pour la maîtriser. Au fil du temps, le maître du gril acquiert une certaine intuition. Aaron m'a confié que, bien que tous ses employés soient formés de la même manière, lorsqu'il tranche une poitrine de bœuf, il peut tout de suite voir qui l'a fumée.

Enseigner son savoir aux autres ne veut pas dire qu'on va s'attirer de nouveaux compétiteurs. Comment ça ? Parce qu'on peut très bien

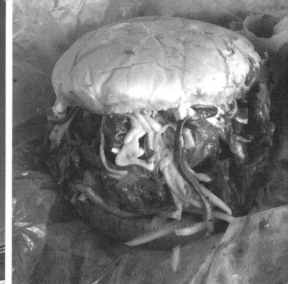

apprendre la technique d'un maître sans jamais parvenir à la maîtriser. Vous pouvez regarder les tutoriels de Franklin en boucle si ça vous chante, mais à moins que vous ne soyez prêt à fumer de la viande 22 heures par jour, 7 jours par semaine, vous n'arriverez probablement jamais à reproduire ses résultats. Si vous êtes comme moi, vous préférerez épargner temps et efforts en allant directement à son resto et en payant 13 $ la livre le droit de savourer illico ses chefs-d'œuvre culinaires.

Les Franklin sont de véritables amoureux du barbecue, et c'est sans doute pour ça qu'ils prennent un tel plaisir à partager leur savoir. Il y a souvent des gens qui viennent soumettre à l'œil expert d'Aaron leurs propres tentatives en matière de barbecue. Le maître se montre patient avec eux et il répond toujours à leurs questions. Il y a dans cette façon de faire des Franklin quelque chose de très naturel : ils ont un jour été eux aussi des néophytes, et maintenant qu'ils ont maîtrisé l'art, ils considèrent qu'il est de leur devoir de communiquer aux autres ce qu'ils ont appris.

Les Franklin ne sont pas les seuls à avoir compris ça. Bon nombre de restaurateurs et de chefs cuisiniers sont devenus riches et célèbres parce qu'ils ont accepté de partager leurs recettes et leurs techniques. Dans le livre *Rework*, Jason Fried et David Heinemeier encouragent les entreprises à rivaliser avec leurs compétiteurs au niveau de l'enseignement, ainsi que le font les grands chefs. «Que faites-vous pour transmettre votre savoir? demandent-ils. Quelles sont vos "recettes"? Quels secrets renferme votre "livre de cuisine"? Seriez-vous capables de montrer aux autres ce que vous faites en procédant de manière informative, promotionnelle et éducative?» En gros, Fried et Heinemeier conseillent aux entreprises de suivre l'exemple des émissions de cuisine.

Quels aspects de votre travail pourriez-vous partager pour tenir votre public potentiel au courant de votre démarche et de votre processus créatif? Comment avez-vous appris le métier? Quelles techniques employez-vous? Maîtrisez-vous l'usage de certains outils et matériaux? Quelles sont les connaissances rattachées à la pratique de votre art?

Aussitôt que vous apprenez quelque chose, faites l'effort de l'enseigner à d'autres. Partagez avec eux la liste des ouvrages auxquels vous vous référez. Créez des tutoriels et publiez-les sur Internet. Utilisez des photos, du texte, de la vidéo. Présentez aux gens chacune des étapes de votre processus créatif. Comme le dit si bien la blogueuse Kathy Sierra: «Aidez les gens à progresser dans une activité où ils aimeraient exceller.»

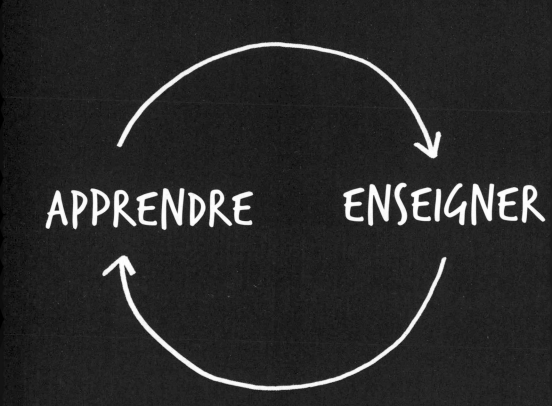

En enseignant ce qu'on sait aux autres, on amène ceux-ci à s'intéresser à son travail et à lui accorder une plus grande valeur. Les gens se sentiront plus proches de vous si vous partagez vos connaissances avec eux. De partager ainsi ne vous enlèvera rien, bien au contraire.

Mais ce qui est vraiment intéressant dans tout ça, c'est qu'on apprend beaucoup quand on partage son savoir et son travail avec autrui. L'auteur Christopher Hitchens en sait quelque chose : « Quand je lance un nouveau livre, dit-il, ça me met en contact avec des nouvelles personnes dont j'apprécie l'opinion. Certaines m'écrivent, et il y en a même qui me téléphonent. Elles viennent à mes lectures et séances de signature et me conseillent des livres épatants que j'aurais dû lire depuis longtemps. » Hitchens ajoute que la diffusion de son travail a été pour lui « comme une éducation gratuite qui durerait toute une vie ».

⑦ NE SOY
POURRIEL

EZ PAS UN
HUMAIN

« Quand les gens réalisent que vous les écoutez, ils vous disent des choses. »

—*Richard Ford*

FERMEZ-LA ET ÉCOUTEZ

Quand j'étais à l'université, j'avais un compagnon de classe qui participait aux mêmes ateliers de création littéraire que moi et qui se plaisait souvent à dire : « Moi, j'aime écrire, mais je n'aime pas lire. » Il ne m'a pas fallu bien longtemps pour comprendre que ça n'avait absolument aucun sens. Tous les bons auteurs savent qu'on ne peut pas devenir écrivain sans d'abord avoir été lecteur.

« On trouve parmi les écrivains en herbe plein d'individus complètement nuls qui veulent être publiés dans des revues littéraires qu'ils ne se donnent même pas la peine de lire eux-mêmes, d'affirmer l'écrivain Dan Chaon. Ces gens méritent les refus qu'ils vont inévitablement essuyer, et personne ne compatit avec eux quand ils se plaignent du fait que les magazines et maisons d'édition ne veulent pas les publier. »

J'appelle ces personnes des « pourriels humains ». Elles sont partout et il y en a dans toutes les professions. Elles veulent leur part du gâteau tout de suite, sans avoir d'abord à faire leurs preuves. Elles n'écoutent pas vos idées vu que tout ce qui les intéresse, c'est que vous écoutiez les leurs. Elles ne vont jamais voir de spectacles, mais quand elles en font un, elles voudraient que tout le monde s'y pointe. Il faut avoir pitié de ces gens-là, car ils se font de graves illusions. Ils n'ont vraisemblablement pas reçu le mémo qui disait que l'univers ne doit rien à personne.

Remarquez, il n'y a pas que chez les tarés et les ratés qu'on trouve des pourriels humains : j'ai vu des tas de gens intéressants, talentueux et cultivés se transformer en ce genre de créature après avoir connu le succès. Ils se disent que leur travail est génial et que tout devrait graviter autour d'eux. Ils deviennent, à leurs yeux du moins, le centre de l'univers, et ne s'intéressent plus à quoi que ce soit qui ne vienne pas d'eux.

RAMASSEUR
COMPULSIF

CONTRIBUTEUR

POURRIELLEUR

NIVEAUX
DE PARTAGE

Les artistes d'aujourd'hui, et même les plus célèbres, ne veulent pas d'un public admiratif qui consomme passivement leurs produits ; ils sont plutôt à la recherche de collaborateurs ou co-conspirateurs potentiels. Ces artistes savent que les meilleures œuvres ne sont pas créées en vase clos et que l'art n'est pas une expérience à sens unique, qu'une œuvre d'art a besoin tant du travail du créateur que de la réaction du spectateur pour réellement prendre vie. Ces artistes vont sur Internet pour présenter leur travail et interagir avec leurs fans. Ils répondent à leurs questions, accueillent leurs suggestions et discutent avec eux des choses qu'ils aiment.

Un jour où il clavardait sur Twitter, le réalisateur musical Adrian Younge a posé à ses abonnés la question suivante : « Quel groupe soul est le meilleur, selon vous : les Dramatics ou les Delfonics ? » Au cours du débat qui s'ensuivit, un des abonnés de Younge mentionna que le chanteur des Delfonics, William Hart, était un ami de son père et qu'il savait de source sûre que Hart admirait beaucoup le travail de réalisation de Younge. Peut-être les deux artistes devraient-ils collaborer ensemble, suggéra l'abonné. « Cette simple intervention sur Twitter a mis en branle toute une série d'événements, de raconter Younge. Le lendemain, je me suis retrouvé au téléphone avec William Hart lui-même et on a discuté ferme pendant deux bonnes heures. C'était évident qu'on avait des atomes crochus.» À la suite de cette entrée en matière, Younge a produit pour Hart un nouvel album, *Adrian Younge Presents The Delfonics*.

Cette anecdote est intéressante pour deux raisons: de un, c'est le seul album que je connaisse dont l'existence est attribuable à un simple tweet; de deux, c'est le parfait exemple de ce qui peut arriver quand un artiste *agit en fan avec ses fans*.

Si vous voulez avoir des fans, vous devez d'abord vous-même être un fan. Si vous voulez être accepté par une communauté, vous devez d'abord devenir un citoyen actif de cette communauté. Si vous allez en ligne uniquement pour promouvoir votre propre travail, alors c'est que vous vous y prenez tout de travers. Soyez un connecteur, ce que l'écrivain Blake Butler appelle un *nœud de communication*, c'est-à-dire un carrefour où convergeront les gens. Pour recevoir, il faut donner. Pour être remarqué, il faut aussi remarquer ce que font les autres. Fermez-la et écoutez. Soyez communicatif et attentionné. Ne devenez pas un pourriel humain.

« À la base, nous voulons échanger avec des êtres humains qui partagent nos préoccupations. Ce réseau, nous le bâtissons ensemble, et c'est plus une affaire de cœur et d'esprit que de simple curiosité. »

—Jeffrey Zeldman

UNE AFFAIRE DE CŒUR, ET NON DE CURIOSITÉ

Cessez de vous préoccuper du nombre de gens qui vous suivent en ligne : l'important, ce n'est pas la quantité, mais la qualité. Ne perdez pas votre temps à lire des articles qui donnent des trucs pour attirer plus d'abonnés, ou à suivre certaines personnes en ligne uniquement parce que vous pensez qu'elles pourraient vous être profitables. Ne parlez pas à des gens à qui vous ne voulez pas parler, et ne parlez pas de choses dont vous n'avez pas envie de parler.

Vous voulez des abonnés ? Alors montrez que vous êtes quelqu'un qui vaut la peine d'être suivi. L'écrivain Donald Barthelme aurait dit un jour à un de ses étudiants : « Vous n'avez jamais songé à faire de vous-même quelqu'un de plus intéressant ? » Ça peut paraître méchant de dire ça, mais on peut aussi prendre le mot au sens où l'auteur Lawrence Weschler l'entendait : une personne « intéressante » était

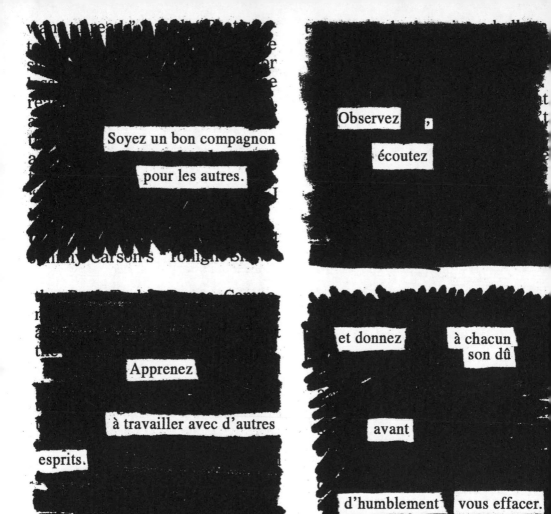

Soyez un bon compagnon pour les autres.

Observez, écoutez

Apprenez à travailler avec d'autres esprits.

et donnez à chacun son dû avant d'humblement vous effacer.

pour lui quelqu'un de curieux et d'attentif, qui manifeste continuellement son intérêt envers le monde qui l'entoure. En d'autres mots, pour être intéressant, il faut d'abord s'intéresser aux choses.

C'est vrai que dans la vie, tout dépend de «qui on connaît». Mais qui on connaît dépend de qui on est et de ce qu'on fait – les gens qui font partie de votre cercle de connaissances ne pourront rien faire pour vous aider si vous ne faites pas vous-même du bon travail. «Un contact ne vaut rien en soi, assure le réalisateur musical Steve Albini. Tous les contacts que je me suis faits, c'est mon travail qui me les a attirés.» Albini estime que trop de gens perdent leur temps à essayer de se faire des contacts alors qu'ils devraient plutôt investir leurs énergies dans leur travail, à s'améliorer et à développer leurs compétences. «C'est en étant bon qu'on s'attire des contacts et qu'on devient influent», dit-il.

Faites des choses que vous aimez, parlez des choses que vous aimez et vous attirerez à vous des gens qui aiment ce que vous faites et qui partagent vos intérêts. C'est aussi simple que ça.

N'agissez pas en cinglé ou en connard. Ne soyez pas trop exigeant. N'abusez pas de la confiance des gens et ne leur faites pas perdre leur temps. Et ne demandez jamais aux autres de vous suivre : « Veux-tu me suivre ? » est la question la plus pathétique qu'on puisse poser sur Internet.

LE TEST DU VAMPIRE

> « Allez vers les choses qui vous stimulent et évitez celles qui drainent votre énergie. »
>
> —Derek Sivers

L'auteur John Richardson parle d'un truc intéressant dans sa biographie de Pablo Picasso, *A Life of Picasso*. C'est un fait connu que le célèbre peintre avait l'habitude de siphonner l'énergie de tous ceux qu'il côtoyait. Marina, sa petite-fille, disait qu'il pressait les gens pour extraire leur essence comme il pressait ses tubes pour en extraire la peinture. Même si c'était bien excitant de passer la journée avec Picasso, vous en reveniez crevé alors que lui, il allait peindre toute la nuit dans son atelier, débordant de toute l'énergie qu'il vous avait sucée.

La plupart des gens acceptaient cela, se disant que c'était le prix à payer pour côtoyer le maître, mais le sculpteur roumain Constantin Brancusi ne l'entendait pas de cette oreille : ayant grandi dans les Carpates, une région où le mythe du vampire est très vivant, il n'avait pas tardé à reconnaître en Picasso un être vampirisant, et il l'évitait comme la peste.

Pour déterminer quelles personnes sont bonnes pour vous et lesquelles ne le sont pas, faites comme Brancusi et pratiquez le « test du vampire ». Si vous vous sentez drainé et épuisé chaque fois que vous passez du temps avec une personne donnée, c'est que cette

CATCH &

RELEASE
ONLY

Remettre les prises à l'eau!

personne est un vampire ; à l'opposé, toute personne qui vous remplit d'enthousiasme et d'énergie chaque fois que vous la rencontrez n'est pas un vampire. Le test du vampire ne s'applique pas seulement aux gens, mais aussi aux autres aspects de la vie : vous pouvez l'utiliser pour évaluer votre travail, vos passe-temps, les endroits où vous allez, et ainsi de suite.

On ne peut pas changer un vampire. Lorsque vous vous retrouverez en présence d'un individu de ce genre, faites comme Brancusi et bannissez-le à tout jamais de votre vie.

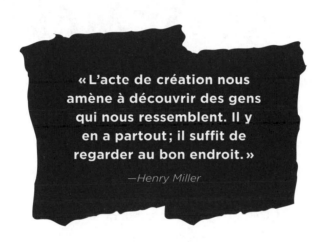

« L'acte de création nous amène à découvrir des gens qui nous ressemblent. Il y en a partout; il suffit de regarder au bon endroit. »

—Henry Miller

QUI
SE RESSEMBLE,
S'ASSEMBLE

Ces derniers temps, j'ai été fasciné par R. A. Dickey, le seul lanceur de baseball des ligues majeures à se spécialiser dans le lancer de la balle-papillon. Ce lancer extrêmement difficile à maîtriser est également l'un des plus imprévisibles qui soit : la balle est lancée sans rotation aucune, et le frottement de l'air sur les coutures influe sur son envolée de manière inattendue. En fait, sa trajectoire est imprévisible tant pour le frappeur et le receveur que pour le lanceur qui l'exécute. Ça ressemble étrangement au processus créatif, vous ne trouvez pas ?

Les spécialistes de la balle-papillon sont des oiseaux rares dans les annales du baseball, et c'est sans doute ce qui les a amenés à former une confrérie bien à eux. Contrairement aux autres lanceurs, ils n'hésitent pas à partager entre eux leurs secrets. Dans son autobiographie, *Wherever I Wind Up,* Dickey souligne que ce genre de partage est extrêmement rare dans ce milieu hautement compétitif : « Un lanceur rival ne me montrerait jamais sa technique de balle rapide ou de balle glissante, écrit-il. Ces secrets du métier sont jalousement gardés… Par contre, les lanceurs de balle-papillon n'ont pas de secrets l'un pour l'autre. C'est comme si nous étions investis d'une mission qui va au-delà de l'intérêt personnel de chacun : nous devons transmettre notre savoir pour garder ce lancer en vie. »

Aussitôt que vous aurez commencé à montrer votre travail sur Internet, vous attirerez à vous des individus qui vous ressemblent. Ces gens sont vos pairs : ils partagent vos intérêts, vos obsessions, et sont investis d'une mission semblable à la vôtre. Vous serez animés d'un respect mutuel qui s'exprimera tout naturellement.

Trouvez ceux
qui
vous
ressemblent
et vous aurez

votre équipe.

Vous ne rencontrerez pas des masses de gens comme ça, juste une poignée tout au plus ; néanmoins, ceux-ci joueront un rôle très important dans votre vie. Soignez la relation que vous entretenez avec eux. Partagez ce qu'ils font, vantez leurs mérites et invitez-les à collaborer avec vous. Quand vous faites quelque chose de nouveau, montrez-leur à eux en premier. Discutez avec eux et partagez avec eux vos secrets. Gardez-les très près de vous.

« Il faut toujours être à l'écoute, car c'est une énergie qui nous relie aux autres. »

—Susan Sontag

DU CYBERESPACE AU MONDE RÉEL

> « Twitter disparaîtra un jour, mais nous, nous serons toujours là. Rien ne vaut les contacts en face à face. »
>
> —Rob Delaney

Ça me fait flipper quand je pense que j'ai rencontré la plupart de mes personnes favorites dans l'univers numérique.

J'adore faire des rencontres IRL (*in real life*, dans la vraie vie) avec mes copains et copines du cyberespace. Comme on se connaît déjà par le biais de nos échanges électroniques, on n'a pas besoin d'échanger des civilités ou de se perdre en vains bavardages pour faire connaissance : on va tout de suite au cœur des choses en sirotant une bière ou quoi que ce soit d'autre qui puisse nous délier la langue. Lors de ces rencontres, il m'est arrivé de demander à mes camarades ce qu'ils aiment de nos échanges en ligne. Invariablement, tous répondent : « Discuter, exactement comme on le fait maintenant. »

J'adore aussi les *meetups*, ces soirées où une communauté en ligne se donne rendez-vous à un bar ou resto quelconque. Il y a des tas d'événements de ce genre chez moi à Austin, et je parie qu'il y en a aussi là où vous habitez – s'il n'y en a pas encore, créez-en un ! Ce type de réseautage social est beaucoup moins stressant que les occasions sociales plus traditionnelles du fait qu'on connaît déjà la plupart des gens qui s'y présentent et qu'on a déjà vu leur travail.

Notez qu'on peut très bien faire un *meetup* sans qu'il y ait foule. Un ou une de vos amis virtuels vit dans la même ville que vous ? Alors pourquoi ne pas l'inviter à prendre un café ou à casser la croûte avec vous ? Quand vous êtes de passage dans une autre ville, informez vos amis virtuels de ce fait et essayez d'organiser une rencontre. Quand je vais ailleurs, j'aime bien que mes amis artistes me fassent découvrir leurs musées préférés, que mes amis écrivains m'emmènent dans leurs librairies favorites. Quand on est fatigués de bavarder, on bouquine ou on explore les galeries et musées ; et quand on est fatigués de ça, on retourne au café pour reprendre le fil de nos discussions.

Rencontrer des gens en ligne, c'est bien, mais faire d'eux des amis en chair et en os, c'est encore mieux.

⑧ APPRE

ENCAISSER

NEZ À

LA CRITIQUE

« Je vais pas baisser les bras. Chaque fois qu'on pense m'avoir cernée, je passe à autre chose. On va me critiquer de toute manière, alors autant y aller à cœur joie. »

—*Cyndi Lauper*

BIEN FAIRE ET LAISSER DIRE

Le designer Mike Monteiro se souvient que c'est à l'école des beaux-arts qu'il a appris à encaisser la critique. « On se critiquait très sévèrement les uns les autres, raconte-t-il. C'était comme si chacun cherchait à pousser l'autre à abandonner le programme. » Ces fustigations impitoyables lui ont appris à ne pas prendre les critiques comme des attaques personnelles.

Quand vous diffusez votre travail sur Internet, vous devez vous attendre à récolter toutes sortes de commentaires désobligeants. Et plus de gens regarderont votre travail, plus vous vous exposerez à la critique. Voici quelques conseils qui vous aideront à encaisser les coups :

Relaxez, respirez. Quand on a de l'imagination, on a souvent tendance à imaginer le pire, et alors c'est la peur qui s'installe. Dites-vous bien qu'une mauvaise critique n'est pas la mort.

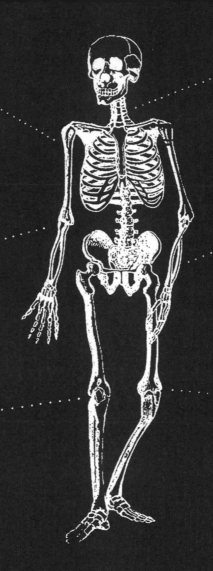

ENDURCISSEZ-
VOUS

RESPIREZ

RELAXEZ

PROTÉGEZ VOS
POINTS
VULNÉRABLES

GARDEZ
L'ÉQUILIBRE

RESTEZ
EN
MOUVEMENT

Votre vie ne va pas basculer pour si peu. Prenez une grande respiration et accueillez avec sérénité les commentaires négatifs qu'on vous adresse. Faire de la méditation est une bonne façon de calmer son esprit – dans mon cas, ça fonctionne à merveille.

Endurcissez-vous. C'est en se faisant frapper qu'on apprend à encaisser les coups. Diffusez votre travail sur Internet le plus souvent possible et abondamment; cela permettra à un plus grand nombre de gens de vous critiquer. Même si on vous crucifie, continuez de créer et de publier votre travail en ligne. Mieux encore, produisez encore plus, car plus vous vous exposerez à la critique et moins vous y serez sensible. Les commentaires des autres ne devraient pas vous blesser.

Restez en mouvement. Permettez à la critique de vous motiver, voire de vous inspirer. Vous ne pouvez pas contrôler ce qu'on dit de vous ou de votre travail; par contre, vous pouvez contrôler la façon dont vous réagissez à la critique. Continuez d'aller de l'avant, en accentuant l'aspect de votre création artistique dont on dit le plus de mal. Il y a de ces gens obtus qui gagnent à être secoués. Soyez fier du fait qu'ils détestent ce que vous faites.

Protégez vos points vulnérables. Gardez cachée toute partie de votre production que vous ne voulez pas exposer à la critique, parce que vous la jugez trop personnelle ou pour quelque autre raison que ce soit. Cela dit, évitez d'être trop sensible ou prudent. L'écrivain Colin Marshall a dit : « Celui qui cherche à éviter l'embarras à tout prix pratique une forme de suicide. » Afin de pouvoir joindre les gens qui sont susceptibles d'apprécier votre travail, vous devez consentir à vous exposer.

Gardez l'équilibre. Vos activités créatives ne vous définissent pas entièrement ; elles ne sont qu'un des aspects de votre vie. C'est une chose que bien des artistes ont du mal à accepter, probablement parce que ce qu'ils font est très personnel. Gardez l'équilibre en étant proche de votre famille, de vos amis et de tous ceux qui vous aiment pour ce que vous êtes et non uniquement pour ce que vous faites.

« Il ne faut pas se préoccuper de ce que TOUT LE MONDE pense de nous, mais plutôt de ce que les gens qui nous importent pensent de nous. »

—Brian Michael Bendis

NE NOURRISSEZ PAS LES TROLLS

La première chose à faire quand on reçoit un commentaire, c'est de voir d'où il provient. L'avis des gens qui vous respectent et apprécient ce que vous faites est à prendre au sérieux ; par contre, méfiez-vous des commentaires exprimés à l'extérieur de ce cercle restreint.

Dans le monde d'Internet, un troll est une personne qui aime semer la zizanie en tenant un discours haineux, agressif ou déplacé. Le but des trolls n'est pas de vous aider à améliorer votre travail ; aussi ne vous servira-t-il à rien d'engager la conversation avec eux. Ignorez-les et ils finiront par s'en aller.

Un troll peut surgir de nulle part et dans les endroits les plus inattendus. Juste après la naissance de mon fils, une femme qui me suivait probablement sur Twitter et qui était peut-être même une fan de mon travail m'a écrit une demi-douzaine de tweets pour me dire qu'elle savait que *Steal Like an Artist* avait manifestement été écrit par un type qui n'avait pas d'enfant, et que maintenant que j'en avais un j'allais me retrouver dans de beaux draps. Elle citait des passages de mon livre puis me lançait une boutade du genre : « Ouais, tu essaieras de faire ça quand tu seras debout à trois heures du matin parce que ton bébé chiale ! »

Bon, je suis un internaute de longue date et je suis habitué à recevoir des tas de courriels de gens méchants, dépressifs ou complètement cinglés. Au fil du temps, j'ai développé une barrière mentale qui m'empêche d'être affecté par le discours de ces gens.

Et pourtant, je dois avouer que les propos de cette femme m'ont profondément contrarié.

Parce que évidemment, le pire troll, c'est celui qu'on a dans la tête, cette voix qui nous dit qu'on est mauvais, qu'on ne sera jamais assez bon pour arriver à quoi que ce soit. Après que mon enfant fut né, cette voix m'a dit que je ne pourrais jamais écrire un autre livre maintenant que j'étais père. En temps normal, je n'ai aucun mal à gérer le troll qui vit dans ma tête ; mais quand une étrangère lui tend un mégaphone pour qu'il puisse gueuler encore plus fort, là, ça devient difficile.

Les commentaires

sont plus nombreux
que les idées.

Les trolls vous font des misères sur les réseaux sociaux ? Certaines fonctions vous permettront de les bloquer. Effacez immédiatement les commentaires désobligeants. Ma femme dit toujours : « Si quelqu'un venait chier dans ton salon, tu ne laisserais pas son tas de merde sur le tapis, non ? » Les commentaires méchants sont comme les tas de merde : il faut très vite les ramasser et les jeter à la poubelle.

Si le problème persiste, désactivez tout simplement les commentaires. Quand on laisse aux gens la possibilité d'écrire ce qu'ils pensent dans une boîte de dialogue, c'est comme si on les invitait à le faire. « Dans les galeries et musées, il n'y a pas d'espace sous les tableaux pour que les gens écrivent leur opinion, de souligner la bédéiste Natalie Dee. Les éditeurs n'inscrivent pas à la fin d'un livre les commentaires de ceux qui l'ont lu auparavant. » Au lieu d'avoir sur votre site ou sur votre page Facebook un espace pour les commentaires, offrez aux gens la possibilité de vous contacter directement ou de copier votre travail dans leur propre espace Web. À partir de là, ils pourront en dire ce qu'ils voudront.

(9) SACHE
VEN

Z VOUS
DRE

« Je n'aime pas particulièrement l'expression "se vendre", mais voilà, nous sommes tous des entrepreneurs. Qu'on soit marchand de meubles ou je ne sais quoi, la plus belle enseigne qu'on puisse afficher devant son commerce, c'est : "TOUT EST VENDU !" »

—*Bill Withers*

MÊME LES ARTISTES DE LA RENAISSANCE AVAIENT BESOIN DE FINANCEMENT

Chacun de nous a besoin de manger et de payer son loyer. Le peintre et photographe Ben Shahn disait avec un brin d'ironie : « L'artiste amateur peint dans ses temps libres et gagne sa vie avec d'autres boulots. L'artiste professionnel est celui qui peint tout le temps parce que sa femme travaille pour le soutenir. » Tout le monde a besoin d'argent, y compris les artistes. Un artiste qui ne gagne pas sa vie grâce à son travail doit avoir recours à une autre source de revenus – boulot régulier, conjoint fortuné, bourses, fonds spéciaux, mécène, etc.

Il est temps de décrocher de la notion romantique qui dit que pour être pur, un artiste doit crever de faim. L'argent ne corrompt pas la

SOLD OUT

Tout est vendu!

créativité. Certaines des plus grandes œuvres de l'histoire ont été créées sur commande. Michel-Ange était payé par le pape pour peindre le plafond de la chapelle Sixtine. L'auteur Mario Puzo a écrit *Le parrain* à l'âge de 45 ans strictement pour faire un coup d'argent, parce qu'il était fatigué d'être fauché et parce qu'il devait 20 000 $ à la banque ainsi qu'à divers parents, prêteurs sur gages et preneurs de paris. Paul McCartney raconte qu'avant de s'asseoir pour composer, John Lennon et lui disaient des trucs du genre : « Bon, là on va écrire de quoi se payer une piscine. »

Nous disons tous que nous sommes d'accord pour que les artistes fassent de l'argent, mais dès qu'ils en font, nous nous mettons à les détester et à les traiter de « vendus » ou de « putes ». Au fond, on dit ça par mesquinerie… et un peu parce qu'on les envie. Ne soyez pas comme ces fans qui délaissent leur groupe préféré une fois que celui-ci connaît le succès. Lorsqu'un ami ou une connaissance marque un bon coup sur le plan professionnel, ne soyez pas envieux. Célébrez plutôt leur victoire comme si c'était la vôtre.

PASSEZ LE CHAPEAU

« J'aimerais bien trahir mes convictions et faire la pute, mais le problème, c'est que personne n'est preneur. »

—*John Waters*

Lorsque le travail que vous diffusez sur Internet commencera à vous valoir un auditoire, il sera temps pour vous de solliciter le soutien financier de ces admirateurs et admiratrices. La façon la plus simple de faire ça est de demander des dons en plaçant une boîte à pourboires virtuelle ou un bouton DONNEZ MAINTENANT sur une page de votre site Web. Vous aurez plus de succès si vous accompagnez ces liens d'un petit commentaire sympathique du genre : « Vous aimez ce que je fais ? Alors payez-moi un café ! » Cette transaction toute simple équivaut à un groupe de musique qui passerait le chapeau à la fin d'une prestation. Si les gens apprécient vraiment votre travail, ils n'hésiteront pas à donner quelques dollars à votre cause.

Si vous avez en tête un projet qui nécessite un capital de départ, lancez votre propre campagne de collecte de fonds sur une plateforme comme Kickstarter ou Indiegogo, en prévoyant divers plans incitatifs pour récompenser les donateurs. Notez que vous aurez davantage de succès avec ce type de financement si vous bénéficiez déjà d'un auditoire qui connaît et apprécie votre travail. La campagne Kickstarter de la chanteuse Amanda Palmer a connu un succès fou. Après avoir passé des années à nouer un lien particulier avec ses fans, à leur montrer régulièrement son travail et à partager gratuitement avec eux sa musique, Palmer a lancé une collecte de fonds qui avait pour objectif de récolter 100 000 $ pour l'enregistrement et la promotion de son nouvel album. Elle a recueilli plus d'un million de dollars.

Mais le financement participatif entraîne certaines responsabilités : les gens qui vous donneront de l'argent voudront généralement savoir, et avec raison, quel usage vous faites de leurs dons. Personnellement, je préfère m'en tenir à un modèle d'affaires plus traditionnel : je crée ou fabrique des choses, puis je les vends. Sur mon site, j'ai remplacé le bouton DONNEZ MAINTENANT par deux boutons qui disent respectivement ACHETEZ MAINTENANT et ENGAGEZ-MOI. Je favorise donc un modèle de vente plus classique, auquel j'incorpore tout de même certaines stratégies propres au financement participatif puisque j'essaie de rester connecté à mon auditoire en lui présentant ouvertement mon processus créatif, et que je lui demande de soutenir mon travail en achetant ce que je vends.

Mais attention, quand on demande aux gens de sortir leur portefeuille, on prend vite conscience de la valeur qu'ils accordent à notre travail. Mon bon ami John T. Unger m'a raconté un jour une

Payez-moi s'il vous plaît

histoire incroyable, tirée du temps où il était poète de rue. Il venait de finir une lecture publique quand un type s'est approché de lui et lui a dit : « Hé, mec, ton poème a changé ma vie ! » « Merci, a rétorqué John. Tu veux acheter mon livre ? C'est cinq dollars. » Le gars a pris le livre, l'a regardé pendant un moment, puis le lui a rendu en disant : « Non, ça va, merci. » John lui a alors lancé : « Tu veux me dire que ta vie ne vaut pas cinq dollars ? »

Avant de solliciter des dons, de faire une collecte de fonds ou de vendre vos produits et services, assurez-vous que le travail que vous faites vaut quelque chose. N'ayez pas peur de faire payer les gens pour ce que vous offrez, mais toujours en évaluant d'abord votre travail à son juste prix.

CONSTITUEZ UNE LISTE D'ENVOI

Même si vous ne comptez pas vendre quoi que ce soit pour l'instant, prenez soin de recueillir et de regrouper les adresses courriel des personnes qui ont pris connaissance de votre travail et qui veulent garder le contact avec vous. Pourquoi s'en remettre au courriel ? Parce que ce sont généralement les technologies les plus banales et utilitaires qui survivent le plus longtemps. Le courrier électronique existe depuis plusieurs décennies déjà, et rien n'indique qu'il soit appelé à disparaître. Qu'on aime ou non cette technologie, il reste qu'à peu près tout le monde a une adresse courriel. Contrairement aux fils de nouvelles RSS ou aux médias sociaux, le courriel est un système de messagerie direct et privé : quand vous envoyez un courriel à quelqu'un, il se retrouve aussitôt dans sa boîte de réception. La personne n'ouvrira peut-être pas votre message, mais elle sera à tout le moins informée de son existence et devra se donner la peine de le jeter à la corbeille si elle ne veut pas le lire.

Je connais des gens qui ont des entreprises de plusieurs millions de dollars et qui en font essentiellement l'exploitation à partir de leur liste d'envoi électronique. Le principe est très simple : ils récoltent les adresses courriel de clients potentiels en donnant des cadeaux publicitaires sur leur site Internet, et quand ils ont quelque chose d'intéressant à vendre ou à partager, ils envoient un courriel à tous ces gens. Vous seriez étonné de voir à quel point ce modèle est efficace.

Constituez votre propre liste d'envoi. Ou encore, ouvrez un compte avec un service d'infolettres comme MailChimp et placez sur chaque page de votre site Web l'icône de ce service, sur laquelle les gens cliqueront pour s'abonner à votre infolettre. Rédigez un petit texte incitatif pour encourager les gens à s'abonner, en leur expliquant bien à quoi ils peuvent s'attendre – leur ferez-vous parvenir un compte rendu tous les jours, toutes les semaines, tous les mois ou de façon sporadique ? Et surtout, *n'ajoutez jamais l'adresse courriel d'une personne à votre liste sans d'abord lui en avoir demandé la permission.*

Les gens qui s'inscriront à votre liste seront sans doute vos plus fervents partisans, mais évitez tout de même de les inonder de courriels ; si vous allez trop loin, vous risqueriez de trahir leur confiance. Traitez votre liste d'envoi avec respect, car c'est un outil extrêmement précieux.

MY BUSINESS IS ART

Mon business, c'est l'art.

« Nous ne faisons pas des films pour faire de l'argent, nous faisons de l'argent pour faire plus de films. »

—*Walt Disney*

DITES «OUI» À LA NOUVEAUTÉ

Il se trouve toujours des mauvaises langues pour dire qu'un artiste qui a de l'ambition et veut réussir ne peut pas être authentique. Ces gens vous traiteront de «vendu» ou de «pute» si vous cherchez à faire carrière dans les grands centres, si vous aspirez à acheter un meilleur équipement, ou si vous faites mine de tâter d'une nouvelle approche.

«Chaque créateur traverse une période de remise en question durant laquelle il se trouve tiraillé entre le désir de rester intègre et celui de commercialiser davantage son talent, écrivait l'auteur Dave Eggers. Puis vient un temps où il cesse de se préoccuper de ce genre de questions.» Eggers soutient que ce qui compte vraiment, c'est de faire du bon travail et de tirer parti de chaque opportunité qui se présente à nous. «J'adore dire "oui", assure-t-il. J'aime les nouvelles choses, les nouveaux projets, faire de nouveaux plans. J'aime rassembler les gens, créer une équipe pour faire avec elle quelque chose de neuf, d'inusité, même si au départ ça risque d'être idiot ou ringard.» Au fond, les personnes qui traitent les autres de vendus sont des gens qui disent «non» à la vie. Ce sont des gens qui n'aiment pas le changement.

Or, le changement est l'ingrédient principal d'une existence créative : l'artiste et le créateur vont de l'avant, prennent des risques et explorent sans cesse de nouvelles frontières. «Le plus grand risque que peut prendre un créateur, c'est de ne pas changer, disait le saxophoniste John Coltrane. J'ai besoin de sentir que j'aspire à quelque chose, que je suis en quête de quelque chose. Si je fais de l'argent en cours de route, tant mieux. Mais ce qui m'importe vraiment, c'est ce mouvement constant vers l'avant. C'est ça que je cherche.»

Retroussez-vous les manches et soyez ambitieux. Voyez grand. Travaillez constamment à l'expansion de votre auditoire. Ne bridez pas votre potentiel au nom d'une «pureté» ou d'une «authenticité» artistique purement illusoire. Essayez de nouvelles choses. Dites oui à toutes les occasions que vous aurez de travailler dans votre discipline et d'exercer votre talent. Et si on vous propose un boulot qui vous fera gagner plus d'argent mais qui risque de vous détourner de vos aspirations créatrices, n'ayez pas peur de le refuser. Travaillez davantage à ce que vous aimez et le moins possible à ce que vous n'aimez pas.

« On ne peut pas faire de l'art et être misérable. Faire de l'art, c'est dire "oui", c'est s'engager dans la création. »

—*John Currin*

UNE DETTE DE GRATITUDE

Quand on a réussi, on a le devoir moral d'user de ses ressources et de son influence pour promouvoir le travail de ceux qui nous ont aidés à arriver là où nous sommes. Vantez les mérites de vos mentors, de vos professeurs, de vos héros, de tous les gens qui vous ont influencé. Si vous avez une dette de gratitude envers vos fans et vos pairs, n'hésitez pas à l'exprimer. Donnez à tous ces gens la chance de partager leur travail et d'atteindre une certaine visibilité.

S'il est important d'exprimer sa reconnaissance, il ne faut pas non plus que ça devienne trop prenant. Chaque être humain est limité quant au temps et à la capacité d'attention dont il dispose. À un certain moment, vous allez devoir cesser de toujours dire « oui » et apprendre à dire « non ». « Lorsque vous avez du succès, le monde extérieur conspire pour vous empêcher de faire votre travail, dit l'auteur Neil Gaiman. Un jour, je me suis arrêté et j'ai réalisé que je passais le plus clair de mon temps à répondre à des courriels. On aurait dit que c'était devenu ma profession et que l'écriture n'était plus pour moi qu'un passe-temps ! J'ai décidé de limiter le temps que je consacrais aux courriels, et je me suis aussitôt remis à écrire de plus en plus. »

C'est un peu la position dans laquelle je me trouve en ce moment : je reçois tellement de courriels que je ne pourrais pas continuer de faire mon travail si je répondais à chacun d'eux. Comme je ne veux pas me sentir coupable de délaisser les gens qui m'écrivent, j'ai décidé de tenir ce que j'appelle des *heures de bureau* : une fois par mois, je me rends disponible à quiconque veut me poser des questions par l'entremise de mon site Web ; je réponds au mieux de mes capacités, en publiant questions et réponses sur mon site afin que tout le monde puisse les lire.

La morale de l'histoire, c'est que vous devez être aussi généreux que possible tout en conservant une pointe d'égoïsme, car sinon vous n'aurez jamais le temps de faire votre boulot.

SUNDAY JUNE, 9

11 AM
& PRACTICING
5 PM GENEROSITY

Pratiquez la générosité.

« Reconnaissez qu'il y a dans votre réussite une part de chance, et que cette chance vous oblige : vous avez une dette envers les dieux qui vous ont souri, mais aussi envers tous ceux qui sont malchanceux. »

—*Michael Lewis*

(10) TOUJOURS

PERSÉVÉRER

NE BAISSEZ PAS LES BRAS

Chaque carrière connaît des hauts et des bas. Et comme c'est le cas avec les histoires, quand on est en train de vivre sa vie, on ne sait jamais trop où on en est. Se trouve-t-on dans un creux ou dans une vague ? On ne saurait le dire. La suite des événements elle aussi nous échappe. Le grand acteur et réalisateur Orson Welles disait : « On peut toujours avoir une fin heureuse. Tout dépend du moment où on arrête l'histoire. » Le romancier F. Scott Fitzgerald a écrit qu'il n'y a pas de deuxième acte dans une vie américaine, mais je ne suis pas d'accord avec lui : en y regardant de près, on voit qu'il y a non seulement un deuxième acte, mais aussi un troisième, un quatrième et parfois même un cinquième. C'est une chose que vous savez déjà si, comme moi, vous lisez chaque matin la rubrique nécrologique.

Les personnes qui ont obtenu ce qu'elles désirent sont bien souvent celles qui ont su persévérer. Il est très important de ne pas abandonner prématurément. Lors d'un spectacle qu'il donnait dernièrement à Dallas, l'humoriste Dave Chappelle racontait à quel point ça lui avait compliqué la vie de quitter le *Chappelle's Show*, l'émission qu'il animait sur le réseau de télé Comedy Central et qui lui avait valu un contrat très lucratif. S'adressant par la suite aux élèves d'une école secondaire, il avait dit : « Ne baissez jamais les bras, peu importe ce que vous faites. Prenez-en ma parole, les enfants : le fait d'abandonner ne vous rendra pas la vie plus facile. »

« Dans notre métier, pas question de capituler, disait l'humoriste et animatrice Joan Rivers. On s'accroche ferme aux barreaux de l'échelle. Quand ils te coupent les mains, tu te tiens par les bras. Quand ils te coupent les bras, tu t'accroches par les dents. On ne lâche jamais prise parce qu'on ne sait jamais d'où nous viendra notre prochain contrat. »

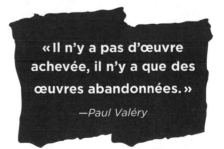

« Il n'y a pas d'œuvre achevée, il n'y a que des œuvres abandonnées. »

—*Paul Valéry*

Ne vous posez pas de questions :

continuez.

On ne peut pas compter sur quoi que ce soit, pas plus qu'on peut prévoir ce que nous réserve l'avenir. Tout ce qu'on peut faire, c'est de continuer de travailler dans la poursuite de notre œuvre « chaque jour, sans espérance ni désespoir », pour emprunter l'expression de l'écrivaine danoise Karen Blixen (dont le nom de plume était Isak Dinesen). On ne peut pas compter sur le succès, mais on peut faire en sorte qu'il demeure pour nous une possibilité. La chance de votre vie est peut-être à portée de main ; soyez prêt, sinon elle risque de vous passer sous le nez !

Un jour, mon confrère de travail John Croslin et moi sommes revenus de luncher et il n'y avait plus de place dans le stationnement du bureau. Nous avons erré pendant une éternité dans les allées avec d'autres voitures à la recherche d'une place, sous un soleil de plomb. Nous étions sur le point de nous avouer vaincus quand il y en a une qui s'est libérée juste devant nous. John s'est empressé de se garer et, en coupant le contact du véhicule, il m'a dit : « Tu vois, mec, il faut continuer de jouer jusqu'à la neuvième manche. » C'est un conseil qu'on ferait bien d'appliquer dans la vie en général.

ENCHAÎNEZ LES PROJETS

Il y a quelques années, la chaîne Bravo diffusait une téléréalité intitulée *Work of Art*, où chaque semaine des artistes peintres rivalisaient pour gagner un prix en argent et la chance d'avoir leur propre expo dans un musée. L'artiste qui remportait le défi hebdomadaire passait automatiquement au tour suivant. L'animateur disait quelque chose du genre : « Félicitations, Austin, vous avez créé une véritable œuvre d'art. Vous avez l'immunité pour le prochain défi. »

Que les choses seraient simples si la vie fonctionnait comme une téléréalité ! Mais ce n'est malheureusement pas le cas. Un écrivain ne peut pas espérer que son prochain livre s'écrive tout seul simplement parce que son précédent a eu du succès. Une réussite n'en engendre pas nécessairement une autre, pas plus qu'un échec mène automatiquement à un autre échec. Qu'on ait gagné gros ou perdu gros, à la fin d'un projet on se retrouve toujours confronté à la question suivante : « Et maintenant, qu'est-ce que je fais ? »

Tous les artistes qui ont joui d'une certaine longévité dans leur carrière ont un point en commun : indépendamment de leurs échecs et de leurs réussites, ils ont persévéré. Si le cinéaste Woody Allen a réalisé en moyenne un film par année au cours des quatre dernières décennies, c'est parce qu'il n'arrête jamais de travailler : le jour où il termine le montage d'un film, il commence à écrire son prochain scénario. Le chanteur du groupe Guided by Voices, Bob Pollard, dit qu'il ne connaît pas la hantise de la page blanche parce qu'il n'arrête jamais d'écrire et de composer. Quand il terminait sa journée de travail, le célèbre écrivain Ernest Hemingway s'arrêtait en plein milieu d'une phrase ; comme ça, c'était plus facile pour lui de reprendre le fil le lendemain matin. La musicienne Joni Mitchell affirme que les faiblesses de son projet précédent lui donnent l'inspiration dont elle a besoin pour amorcer le suivant.

Travaillez sans arrêt, enchaînez les projets comme le fumeur invétéré qui grille cigarette sur cigarette. En procédant ainsi, vous irez

constamment de l'avant et éviterez de stagner dans votre carrière. Quand vous terminez un projet, ne marquez pas de pause et n'attendez pas la réaction des gens : utilisez plutôt la fin de ce projet pour allumer le suivant. Prenez bien sûr le temps de vous demander ce que vous auriez pu faire mieux, puis amorcez aussitôt votre prochain projet.

« Le travail est une réaction en chaîne où chaque sujet mène au suivant. »

—*Charles Eames*

PARTIR POUR MIEUX REVENIR

« Dès l'instant où on cesse
de vouloir quelque chose,
on l'obtient. »

—Andy Warhol

On peut fort bien enchaîner les projets comme je viens de l'expliquer et se retrouver tout de même un jour à court d'inspiration. Quand la flamme s'éteint, c'est qu'il est temps de marquer une pause.

Le designer Stefan Sagmeister est un fervent adepte de ce procédé. Tous les sept ans, il ferme les portes de son studio et prend une année sabbatique. Son raisonnement va comme suit : nous consacrons les 25 premières années de notre vie à notre éducation, les 40 suivantes au travail et les 15 dernières à la retraite, alors pourquoi ne pas soustraire de cette période de retraite 5 années qui serviraient à fragmenter nos années de travail ? Sagmeister soutient que ces années sabbatiques ont eu un impact positif majeur sur son travail. « Tous les designs que nous avons créés durant les sept années qui ont suivi notre première sabbatique étaient tirés des idées que nous avons eues durant celle-ci », dit-il.

J'ai moi-même constaté l'efficacité de cette méthode. Après avoir complété mes études universitaires, j'ai passé deux ans à travailler à temps partiel dans une bibliothèque ; ce boulot peu exigeant me laissait amplement de temps pour lire, écrire et dessiner. L'essentiel de ce que je fais aujourd'hui découle des idées que j'ai développées durant cette période. Mais il y aura bientôt sept ans de ça, et là je

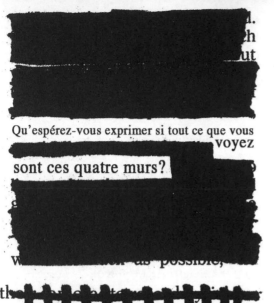

Qu'espérez-vous exprimer si tout ce que vous voyez

sont ces quatre murs?

Fuyez

le

bureau.

Pour recevoir un signal,

éteignez votre téléphone

mobile.

Ne mourez pas,

disparaissez
simplement

pendant un temps.

commence à ressentir le besoin de marquer une nouvelle pause pour recharger mes batteries et retrouver l'inspiration.

On ne peut évidemment pas partir en année sabbatique sur un coup de tête. C'est un projet qui demande énormément de préparation. Sagmeister dit avoir mis deux ans à planifier sa première sabbatique ; il lui a fallu ajuster son budget en conséquence et prévenir ses clients un an à l'avance. La triste réalité, c'est que la plupart d'entre nous n'ont pas la possibilité de quitter leur emploi pour une année entière – ils n'ont tout simplement pas cette flexibilité dans leur vie. Rien ne les empêche cependant de s'accorder des sortes de « micro-sabbatiques » en prenant congé du boulot l'espace d'un jour, d'une semaine ou d'un mois. L'auteure Gina Trapani a même trouvé trois moyens qu'on peut utiliser au quotidien pour décrocher et renouer avec soi-même :

- **Le trajet maison-boulot.** Si vous vous rendez au travail en autobus, en train ou en métro, profitez de cette parenthèse pour écrire, lire, dessiner ou simplement regarder dehors en rêvassant. Si vous faites le trajet au volant de votre voiture, vous pourrez décrocher en toute sécurité en écoutant des livres audio. Ces périples du matin et du soir sont un excellent moyen de séparer votre vie personnelle ou créatrice de votre vie professionnelle.

- **L'exercice physique.** Faire de l'exercice relaxe l'esprit. Or, quand notre esprit est détendu, il s'ouvre à de nouvelles pensées, à de nouvelles idées. Courir sur un tapis roulant est une excellente façon de se libérer l'esprit. Si vous détestez faire du sport ou de l'exercice, ce qui est mon cas, procurez-vous un chien. Votre toutou vous obligera à faire la promenade au moins une fois par jour, croyez-moi !

- **La nature.** Allez au parc. Faites des randonnées pédestres. Cultivez un jardin. Sortir prendre l'air est un bon moyen de décrocher de tous ces gadgets électroniques qui prennent tant de place dans nos vies.

Vos activités créatives doivent occuper dans votre existence une place bien à elles, qui soit distincte de vos activités professionnelles ou autres. Et c'est d'autant plus vrai quand on travaille à la maison ! Comme ma femme le dit si bien, quand on n'a pas à se rendre à un lieu de travail, il est bien difficile de dire où commence la vie et où s'arrête le boulot.

« Tous les deux ou trois ans, je disparais pendant un temps. Comme ça, quand je reviens, c'est toujours comme si j'étais la nouvelle fille du bordel. »

—*Robert Mitchum*

UN NOUVEAU DÉPART

« Une fois que Picasso avait maîtrisé une chose, il l'abandonnait aussitôt. »

—*Milton Glaser*

Une fois que vous aurez appris tout ce qu'il y a à apprendre sur une activité donnée – ou du moins sur un de ses aspects –, passez immédiatement à autre chose. Pour continuer à aller de l'avant, vous devez trouver quelque chose de neuf à apprendre. Plutôt que de vous complaire dans le fait que vous avez réussi à atteindre un certain niveau de maîtrise, redevenez un élève ouvert aux nouvelles idées et désireux d'évoluer. L'auteur Alain de Botton estime que « quiconque n'est pas gêné de ce qu'il était il y a un an n'a probablement pas appris grand-chose de nouveau ».

L'humoriste Louis C. K. a repris pendant 15 ans le même spectacle d'une heure, jusqu'à ce qu'il découvre que George Carlin, son idole dans le métier, abandonnait ses numéros au bout d'un an et ne revenait sur les planches que lorsqu'il avait écrit du nouveau matériel. C. K. a d'abord eu peur de faire pareil, mais quand il a enfin tenté le coup, ça a été pour lui une véritable libération. « Après avoir jeté à la poubelle toutes mes blagues sur les chiens et les vols commerciaux, je me suis demandé : "Et maintenant, je vais où ?" Il n'y avait qu'une chose à faire : creuser, aller plus profondément dans ce que je suis, dans mes sentiments. Et quand t'en as fini avec ces blagues-là, tu dois creuser encore plus pour en trouver d'autres. » Lorsqu'on se débarrasse des trucs qu'on a faits avant, ça nous donne envie de nous dépasser et de créer quelque chose de mieux. En jetant le vieux, on fait de la place pour du neuf.

Passons

au
rêve

suivant.

Ayez le courage de vous débarrasser du travail que vous avez fait jusqu'ici et de complètement revoir votre façon de faire. «Je ressens en ce moment le besoin de déconstruire tout ce que j'ai fait auparavant et de repartir à zéro, a dit le réalisateur Steven Soderbergh après avoir annoncé qu'il cesserait de faire des films pendant un temps. Et je ne me retire pas parce que je crois avoir tout compris du cinéma, mais parce que j'ai réalisé qu'il y a des trucs que je n'ai pas compris et que pour les comprendre je dois oublier ce que je sais et tout reprendre du début.»

La vérité, c'est qu'on ne repart jamais à zéro. Même si on rejette tout ce qu'on a fait avant, ce n'est pas du travail perdu puisque les leçons qu'on en a tirées façonnent dans une certaine mesure nos réalisations futures.

Je ne vous demande pas de tout reprendre à zéro, mais d'amorcer un nouveau départ qui vous permettra de retrouver votre enthousiasme d'amateur. Partez en quête de quelque chose de nouveau à apprendre, et quand vous l'aurez trouvé, faites-en l'apprentissage à découvert en partageant votre démarche avec vos semblables. Documentez vos progrès et partagez-les pour que les autres puissent apprendre en même temps que vous. Montrez votre travail, et quand les bonnes personnes se manifesteront, accordez-leur toute votre attention. Elles ont beaucoup à vous apprendre.

ET MAINTENANT,
QU'EST-CE QUE
JE DOIS FAIRE ?

- ALLEZ SUR INTERNET ET PUBLIEZ TOUT DE SUITE CE SUR QUOI VOUS ÊTES EN TRAIN DE TRAVAILLER EN CE MOMENT. ACCOMPAGNEZ VOTRE CONTRIBUTION DU MOT-CLIC #SHOWYOURWORK.

- ORGANISEZ UNE SOIRÉE « PARTAGER COMME UN ARTISTE ! » À LAQUELLE VOUS CONVIEREZ VOS COLLÈGUES ET AMIS. EN UTILISANT CE LIVRE COMME RÉFÉRENCE, PARTAGEZ VOS PROJETS ET ŒUVRES EN COURS, AINSI QUE LES OBJETS DE VOTRE CABINET DE CURIOSITÉS. RACONTEZ-VOUS DES HISTOIRES. ÉCHANGEZ VOS CONNAISSANCES ET LES SECRETS DE VOTRE ART.

- DONNEZ UN EXEMPLAIRE DE CE LIVRE À UNE PERSONNE QUI GAGNERAIT À LE LIRE.

« C'EST AVEC DES LIVRES
QU'ON FAIT DES LIVRES. »

—CORMAC
MCCARTHY

- BRIAN ENO, A YEAR WITH SWOLLEN APPENDICES
- STEVEN JOHNSON, WHERE GOOD IDEAS COME FROM
- DAVID BYRNE, HOW MUSIC WORKS
- MIKE MONTEIRO, DESIGN IS A JOB
- KIO STARK, DON'T GO BACK TO SCHOOL
- IAN SVENONIUS, SUPERNATURAL STRATEGIES FOR MAKING A ROCK 'N' ROLL GROUP
- SIDNEY LUMET, MAKING MOVIES
- P. T. BARNUM, THE ART OF MONEY GETTING

TROUVEZ
VOTRE
PLACE !

LES CONSEILS NE SONT PAS À PRENDRE
AU PIED DE LA LETTRE.

TIREZ DE CE LIVRE L'INFORMATION QUI
VOUS SEMBLE UTILE, ET OUBLIEZ LE RESTE.

IL N'Y A PAS DE RÈGLES À SUIVRE.

JE MONTRE ET PARTAGE MON TRAVAIL SUR
MON SITE WEB À L'ADRESSE SUIVANTE:
WWW.AUSTINKLEON.COM

VOICI À QUOI RESSEMBLENT LES NOTES SUR LESQUELLES JE ME SUIS APPUYÉ POUR ÉCRIRE CE LIVRE...

C'EST AVANT LA MORT QUE S'ÉCRIT UNE NÉCROLOGIE.

EN ART, ON PEUT GROSSIR CE QUI EST PETIT ET RAPETISSER CE QUI EST GRAND.

INVENTEZ-VOUS UN ALTER EGO — VOUS POURREZ DIRE QUE TOUT EST DE SA FAUTE.

COMMENCEZ PAR ÊTRE UTILE. C'EST ENSUITE QUE VOUS DEVIENDREZ NÉCESSAIRE.

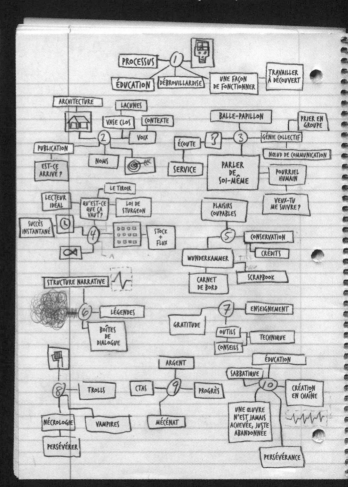

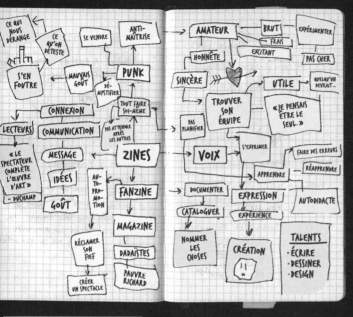

CE QUI NOUS DÉRANGE → CE QU'ON DÉTESTE

SE VENDRE

ANTI-MAÎTRISE → AMATEUR → BRUT / FRAIS / EXCITANT

EXPÉRIMENTER

PAS CHER

S'EN FOUTRE ← MAUVAIS GOÛT → PUNK → DÉ-MYSTIFIER

HONNÊTE

SINCÈRE ❤ → UTILE → QUELQU'UN DEVRAIT...

TROUVER SON ÉQUIPE → « JE PENSAIS ÊTRE LE SEUL. »

CONNEXION ← TOUT FAIRE SOI-MÊME

PAS PLANIFIER

LECTEURS ← COMMUNICATION ← PAS ATTENDRE APRÈS LES AUTRES

« LE SPECTATEUR COMPLÈTE L'ŒUVRE D'ART » — DUCHAMP

MESSAGE → ZINES → VOIX → S'EXPRIMER → FAIRE DES ERREURS / RÉAPPRENDRE

IDÉES → AUTO-PRO-MO-TION

APPRENDRE

GOÛT

FANZINE → DOCUMENTER → EXPRESSION → AUTODIDACTE

MAGAZINE → CATALOGUER → EXPÉRIENCE

RÉCLAMER SON FIEF

DADAÏSTES

PAUVRE RICHARD

NOMMER LES CHOSES

CRÉATION

TALENTS
· ÉCRIRE
· DESSINER
· DESIGN

CRÉER UN SPECTACLE

PRODUIT

PROCESSUS

MÉTAPHORE DE L'ICEBERG

ON TROUVE SA VOIX EN SE JOIGNANT À LA CHORALE.

MAR 0 1 2013

ABCDEF GHIJKL

PAS DE GRANDES IDÉES

QUE DES TAS DE PETITES IDÉES

« JE N'AI JAMAIS PLANIFIÉ QUOI QUE CE SOIT. CE N'EST PAS UNE CARRIÈRE QUE J'AI, MAIS UNE VIE. »
—WERNER HERZOG

Ⓐ TENIR UN CLASSEUR PUBLIC

CACHE-CACHE

CLIQUEZ SUR LE BOUTON « PUBLIER »
PUIS PASSEZ À AUTRE CHOSE. FERMEZ
VOTRE ORDINATEUR ET REMETTEZ-VOUS
AU TRAVAIL. LE LENDEMAIN, TEL UN
TRAPPEUR VÉRIFIANT SES PIÈGES,
ALLEZ VOIR SI VOTRE CONTRIBUTION
A GÉNÉRÉ DE L'INTÉRÊT.

LE TIROIR

L'ÊTRE HUMAIN RÊVE DE VOYAGER
DANS LE TEMPS ALORS QU'IL EN A DÉJÀ
LA CAPACITÉ.

UN TIROIR, C'EST UN PEU COMME UNE
MACHINE À VOYAGER DANS LE TEMPS.
IL FAUT DU RECUL POUR SAVOIR SI UNE
CHOSE QU'ON A CRÉÉE EST BONNE OU PAS.
DE CRÉATEUR, IL FAUT DEVENIR ÉDITEUR,
ET POUR ÇA IL FAUT SE DISTANCIER DE CE
QU'ON A FAIT. ET LA MEILLEURE FAÇON
DE SE DISTANCIER, C'EST DE RANGER CE
QU'ON A FAIT DANS UN TIROIR ET
DE L'OUBLIER PENDANT UN TEMPS.

FACILE DE DIRE « SOIS TOI-MÊME », MAIS
C'EST UN CONSEIL QUI VAUT UNIQUEMENT
POUR LES GENS SOCIABLES ET DE BONNE
COMPAGNIE, CE QUI N'EST PAS MON CAS.

CAPTER L'ATTENTION DES GENS EST CHOSE FACILE.
~~EN REVENCHE~~ GAGNER LEUR CŒUR L'EST BEAUCOUP MOINS.

LISEZ LES COMMENTAIRES DES GENS, MAIS AYEZ AUSSI
LE COURAGE DE LES IGNORER. ~~~~ IL EST NORMAL QU'ILS
INFLUENCENT VOTRE TRAVAIL, MAIS LAISSEZ-VOUS
~~~~ SURTOUT GUIDER PAR VOTRE COMPAS
INTÉRIEUR, SINON VOUS RISQUEZ DE DÉVIER DE
VOTRE VOIE.

LE GOUFFRE

SEP 27 2012

L'AUTEUR JONATHAN LETHEM A
IDENTIFIÉ UNE PÉRIODE CREUSE
SITUÉE ENTRE LE MOMENT
OÙ L'ARTISTE A TERMINÉ SON
ŒUVRE ET L'INSTANT OÙ ELLE
EST DIFFUSÉE. DURANT CETTE
PÉRIODE, L'ŒUVRE N'APPARTIENT
NI À L'ARTISTE, NI À SON PUBLIC.
LETHEM A NOMMÉ CET ESPACE
POUR LE MOINS DÉCONCERTANT
« LE GOUFFRE ».

ET SI ON DONNAIT TOUT GRATUITEMENT?

CHAQUE FRAGMENT DE
SOI-MÊME QU'ON PUBLIE SUR INTERNET
EST UN TERRIER DE LAPIN DANS LEQUEL
CHACUN PEUT TOMBER PAR HASARD.

HORCRUXE?

→ ON AIME GÉNÉRALEMENT UNE ŒUVRE PARCE
QU'ELLE PRÉSENTE LES ~~MÊMES~~ QUALITÉS
QU'ON A SOI-MÊME PEUR DE RÉVÉLER DANS SON
~~~~ PROPRE TRAVAIL : SON CARACTÈRE BRUT,
SA VULNÉRABILITÉ, LE FAIT QU'ELLE PEUT
AISÉMENT ÊTRE COPIÉE, ETC.

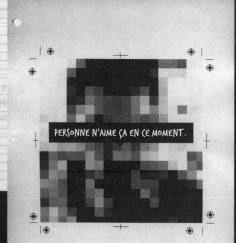

PERSONNE N'AIME ÇA EN CE MOMENT.

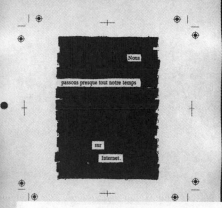

Nous passons presque tout notre temps sur Internet.

L'IDÉE LA PLUS FARFELUE EST SOUVENT CELLE
QUI A LE PLUS DE CHANCES DE FONCTIONNER :

LES CHOSES LES PLUS POPULAIRES QUE J'AI
PUBLIÉES SUR INTERNET SONT PARTIES D'IDÉES
QUI ME PARAISSAIENT STUPIDES AU DÉPART.

MES DESSINS PAR EXEMPLE PARFOIS JE ME
CENSURE MOI-MÊME PARCE QUE J'AI PEUR DE
PARAÎTRE STUPIDE.

LE MOTEUR DE LA CRÉATIVITÉ, C'EST
L'IGNORANCE. LES MEILLEURES IDÉES QUE J'AI
EUES, AU DÉBUT JE NE POUVAIS PAS DIRE SI ELLES
ÉTAIENT PUÉRILES OU PROFONDES

SEP 2 6 2012

Travailler sur un livre

au point

d'en devenir agaçant.

UN GROS MERCI

À ma femme Meghan, qui est toujours à l'écoute de mes idées
et se fait un devoir de lire chacun de mes manuscrits. Elle
m'accompagne sans fléchir à travers mon processus d'écriture, et
donc mes livres n'auraient jamais pu exister sans sa patience, son
soutien et ses conseils éditoriaux.

• • • • • • • • • •

À mon agent Ted Weinstein, qui m'a aidé à mettre de l'ordre
dans mes idées et m'a donné le coup de pied au cul dont j'avais
besoin pour mener ce livre à bien.

À mon éditeur Bruce Tracy, à ma graphiste Becky Terhune
et à tous les gens des éditions Workman. On forme ensemble
une bonne équipe.

• • • • • • • • • •

À tous les amis et amies qui, sur Internet comme dans la vie, m'ont
aidé à progresser. Un merci particulier à Wendy MacNaughton,
Kio Stark, Matt Thomas, Julien Devereux,
Steven Tomlinson, Mike Monteiro, Hugh MacLeod, John T. Unger,
Maria Popova, Seth Godin et Lauren Cerand.

• • • • • • • • • •

Et pour finir, tous mes vœux à Owen, qui n'a vraiment
rien à foutre de tout ça.

NOTES ET CRÉDITS PHOTO

1. Pas besoin d'être un génie
J'ai pris la photo du buste de Beethoven à San Francisco, devant l'Académie des arts et sciences du Golden Gate Park. C'est une copie de la sculpture d'Henry Baerer qui se trouve à Central Park.

Au chapitre 6½ de son livre *10½ Things No Commencement Speaker Has Ever Said* (Norton, 2012), Charles Wheelan recommande lui aussi de lire les rubriques nécrologiques.

2. Pensez processus, et non produit
Le titre de la deuxième section est inspiré de la phrase «Je suis le documentariste de ce que je fais», que Gay Talese a dite en entrevue.

4. Ouvrez votre cabinet de curiosités
La gravure est tirée de l'ouvrage *Dell'Historia Natural di Ferrante Imperato Napolitano* (1599), de Ferrante Imperato. Elle apparaît également sur la couverture arrière de *Mr. Wilson's Cabinet of Wonder* (Pantheon, 1995), de Lawrence Weschler.

La photo de l'affiche sur le mur de briques a été prise dans une ruelle à Philadelphie. L'image n'a pas été modifiée.

5. Racontez de bonnes histoires

J'ai été exposé pour la première fois au cercle narratif de Dan Harmon en lisant le numéro d'octobre 2011 du magazine *Wired*. Une illustration du cercle apparaissait dans l'article.

Kurt Vonnegut a présenté son concept de représentation graphique du récit lors de nombreuses conférences, mais la meilleure explication qu'il en a donnée se trouve dans le livre *Palm Sunday* (Delacorte, 1981). Il a repris le concept plus tard dans *A Man Without a Country* (Seven Stories, 2005).

Le dramaturge et romancier allemand Gustav Freytag a exposé le concept de la «pyramide de Freytag» pour la première fois en 1876, dans le livre *Die Technik des Dramas*.

7. Ne soyez pas un pourriel humain

L'enseigne de pêche «Catch and Release Only» a été photographiée à Austin, Texas, au Mueller Lake Park.

9. Sachez vous vendre

Le titre de la première section est inspiré d'une phrase que Tommy Howells, professeur au Whitman College, aurait dite à ses étudiants : « La Renaissance, comme toute chose, se devait d'être financée. » Vous trouverez d'autres savoureux aphorismes du professeur Howells sur Twitter @TommyHowells.

L'enseigne « Please pay me », que j'ai modifiée pour les besoins de la cause, se trouvait sur un stationnement payant de Seattle, Washington.

L'enseigne « My business is art », que j'ai modifiée également, se trouvait sur un stationnement payant de Lockhart, au Texas.

J'ai repéré l'enseigne « Practicing generosity » à l'extérieur de l'église presbytérienne Knox de Toronto, en Ontario.

10. Toujours persévérer

L'expression « Partir pour mieux revenir » est inspirée d'une phrase qu'a dite le personnage de David Lynch durant la troisième saison de l'émission de télévision *Louie* (*You gotta go away so you can come back*).

AUSTIN KLEON est un artiste visuel, auteur, entre autres, du recueil de poèmes par soustraction *Newspaper Blackout*. Son œuvre a été diffusée à l'émission radiophonique *Morning Edition* de la NPR (National Public Radio), au journal télévisé *NewsHour* de la chaîne PBS, dans le *Wall Street Journal* et sur le site Web consacré aux arts plastiques, 20X200.com. Il vit à Austin (Texas) et en ligne (www.austinkleon.com).